VIRAGO

Die Story der XV-Modelle, Drag Star & Royal Star
XV 125 – XV 1100, 1980 – 1998

Art Motor Verlag

ISBN 3-929534-12-6   1. Auflage 1997
© Art Motor Verlag, Postfach 200250, 51497 Rösrath
Telefon 02205/9271-0, Fax 02205/9271-29

Idee & Konzeption	Wolf Töns
Dokumentation	Olaf Szebsdat
Text	Andreas Amoser (Reise)
	Petra Koch (Zubehör, Service)
	Wolf Töns
Gestaltung, Layout & Produktion	Dorle Knospe
Fotos	Andreas Amoser, Fotoagenzia GHEO, ©MPI,
	Petra Koch, Privatarchive, Werk
Belichtung, Druck & Weiterverarbeitung	Media Print, Paderborn

VIRAGO Inhalt

Der Weg bist DU

Mit der Virago durch Südkalifornien

Irgendwo auf den Nebenstraßen zwischen San Diego, San Francisco und Las Vegas liegt sie verborgen, die Antwort auf die schwierigste, auf die Mutter aller Fragen: warum bist Du mit dem Chopper gekommen, wo es doch andere Motorräder gibt, die schneller, bequemer und einfacher zu fahren sind?

„5 Meilen östlich von Big Bear City findest du eine Abzweigung, Mann", raunt die Reinkarnation von Jimmi Hendrix, während in seinen überdimensionalen Spiegelbrillen die skurrile Wochenendparade von Venice Beach abläuft.

„Nimm` die Linke, Mann, und du fährst am Campa Rock Road, verstehst du?" Ich nicke beflissen und bemühe mich, die Mundwinkel genauso weit herunterzuziehen wie Jimmy H. „Da ist eine Kreuzung, verstehst du mich, Mann, eine Kreuzung, und du mußt dich rechts halten, rechts, am Campa Rock Road!" Sein Raunen hat in dem Maß an Intensität gewonnen wie der Abstand zwischen unseren Gesichtern kleiner wird. Viel weiter kann ich nicht zurückweichen, sonst kippe ich mitsamt der XV 535 um.

„Silber, sie haben Silber transportiert auf diesem Weg, Mann, 1881, als der Zauber in Calico und Umgebung losging. Und jetzt gehört die Straße dir, Mann, dir ganz allein." Jimmy scheint die Minengeschichte des San Bernadino County genau studiert zu haben. Was nichts daran ändert, daß unsere Nasen knapp vor Kontakt stehen und seine Brille einen einzigartigen Weitwinkeleffekt offeriert.

„15 Meilen geradeaus.Dann nimmst du die Linke, Mann, sonst verlierst du das Silber, verstehst du?" In meinem linken Oberschenkel bahnt sich ein Krampf

an. Ich kann die 535er nicht mehr lange so schräg halten. „ Dann noch knappe 4 Meilen bis zur Abzweigung nach Willis Well, hörst du, Mann, Willis Well, so wie Bruce Willis in der Quelle, hehehe." In der Tat eine bemerkenswerte Eselsbrücke. Bemerkenswert wie das grimmige Lachen von Jimmy. Wenigstens hat er mich nicht gebissen. „Frag` nach Chief Chemehuevi, Mann, er trägt" – Jimmy hält kurz inne um prüfend nach links und rechts zu spähen, seine aggressives Raunen versickert in ehrfürchtigem Flüstern – „das Zeichen des Wolfes."

Zehn Minuten später treibe ich vom Lincoln Boulevard auf die 10er Richtung San Bernadino hinaus. Ein kleiner Blechpunkt inmitten einer endlosen, sechsspurigen Fahrzeugschlange, in der rastlose Angelinos ihrem Wochenende entgegenhecheln. Im dichten, aber flüssigen Verkehr wird ordentlich angeraucht. 65 Meilen sind erlaubt, kaum einer fährt langsamer, die Eiligen hängen mit guten 80 in der Reihe. Schlechte Karten für den kleinen Chopper. Das ideale Gleitgefühl stellt sich bei 50 bis 55 Meilen ein, über 65 nehmen Anspannung und Motorgeräusch unangenehm zu. Wenn dumpf brodelnde Großhubräume rechts, links, oben und unten vorbeifahren, bleibt vom entspannten Gleiten nicht viel übrig. Trotzdem arrangiert

The river flows
it flows to the sea

wherever that river goes
that's where I want to go.

man sich in geradezu freundschaftlicher Weise. Man will vorankommen, nicht Sheriff spielen und schulmeistern, wie es in unseren Breitengraden so schön üblich ist. Ich habe mich so oft gefragt, warum man hier so ein entspanntes Verhältnis zum Verkehrsgeschehen besitzt. Im Grunde offenbart sich dieselbe Mentalität, die auch den Geist des Choppers zum Leben erweckt: Mach doch, was du willst – aber stör´ die Kreise der anderen nicht. So bleibt es jedem überlassen, die gewünschte Gangart einzuschlagen. Eine Art Geschwindigkeitsindividualismus. Was für ein Wort!

So gibt es ob des langsameren Tempos keine Blinkhupen oder bösen Blicke. An der für mich nicht ganz entspannten Situation ändert das freilich wenig. Es ist eben manchmal doch nicht so einfach, im Verkehr die Seele baumeln zu lassen. Sozusagen die konzeptionelle Eigenheit des Chopperdaseins. In der Stadt ist er dick da mit seinem urigen Design, dem üppigen Chrom und nicht zuletzt der niedrigen Sitzhöhe. Draußen am Highway, wie man bei uns so schön sagt, transportiert er all unsere Wünsche und Vorstellungen von Freiheit, Asphalt und Abenteuer. Nur dazwischen, also am Weg von der Stadt zum Highway, da herrscht sozusagen emotionale Windstille.

Natürlich könnte man die Stadt auch über Nebenstrassen verlassen. Das macht bei über 100 km bis San Bernadino geschätzte 150 Ampeln, 50 Stoppschilder und zahlreiche andere verkehrsbehindernde Ereignisse. Nicht wirklich der richtige Weg, um die Freiheit Motorrad so richtig ausleben zu können. Verkrampfte Gedanken bei verkrampfter Geschwindigkeit. Typisch für uns, die wir sogar in unserem Denken von dogmatischem Materialismus geprägt sind. Wie hätten wir uns auch von dem befreien können, was uns von Kindesalter jahrein, jahraus eingetrichtert wurde? – Sei ein guter Mensch, damit Du in der Gemeinschaft Anerkennung findest, die Dir aber nur dann zuteil wird, wenn Du Dich anpassen kannst, was wiederum die Voraussetzung für den wirtschaftlichen Erfolg ist, den wir als „Erfolg" schlechthin verstehen. Nachsatz: Und wenn Du keinen Erfolg hast, kannst Du kein guter Mensch sein.

Wobei das System bei der Quantifizierung des Erfolgsfaktors durchaus Großzügigkeit walten läßt. Geregelte Arbeit und Du bist dabei. Zur Steigerung des öffentlichen Ansehens villeicht noch ein Kredit für das Eigenheim und zur Krönung des staatsbewußten und -erhaltenden Bürgers wird stolz der Nachwuchs präsentiert. Das System reibt sich die Hände und kann fortan sicher sein, daß solch angepaßte Rädchen nie mehr gegen selbsterhaltenden Re-

Flow river flow
let your waters
wash down

geln verstoßen. Der Mensch ist Staatsbürger geworden, er hat seinen Platz gefunden, er funktioniert. Inmitten dieses autoritären Automatismus ist dem System natürlich bewußt, daß der Mensch nicht nur funktionieren will, sondern auch emotionalen Input benötigt. Die Konsumgesellschaft läßt grüßen. Sie liest uns alle Wünsche von den Augen ab. Und sollte irgendwo ein Wunsch noch nicht existieren, vermittelt sie uns umgehend dringenden Bedarf.

Möchte an dieser Stelle jemand anmerken, daß Vater-und Mutterfreuden genügend emotionales Gleichgewicht zur Bewältigung der alltäglichen Funktionalität bieten, so schweige ich in ergriffener Zustimmung. Schließlich wurde diese Entscheidung, für mich die verantwortungsvollste im menschlichen Leben, von uns als freiwillig empfunden. Ob aber die Schnittstelle zwischen Erziehung und Umfeld noch etwas mit freiwillig und Gleichgewicht zu tun hat, lasse ich dahingestellt. Beim unbedingt notwendigen Marken-Outfit des Sprößlings kommen die Meisten noch mit, beim Scooter oder Pkw werden die ersten Überstunden und besonders freundlicher Umgang mit Chef und Kreditinstituten fällig.

Aber nicht verzagen, das System wacht über seine Schäfchen. Wie wär's mit drei Wochen Abenteuerur-

All I wanted
was to be fre

take me from
this road
to some other town

laub im Südwesten der Vereinigten Staaten? Mit der schweren Harley zu den Naturwundern des Wilden Westens. Gepäck wird im Bus mitgeführt, für Empfindliche gibt's extraweiche Sitzpolster. Emotionen auf Knopfdruck. Du drehst Dich am Freitag vom Fließband, setzt Dich am Sonntag auf die Harley und – rambazamba – da sind sie, die Feelings von Freiheit, Easy Rider und was es sonst noch alles gibt.

Genau das hatte ich mir gedacht, als ich die XV am Rockstore, dem großen Motorradtreff nördlich von L.A., vorführte. Auch wenn es keine HD ist, so sind wir doch alle Brüder. Zumindest spirituell oder so.

„He, Mann, heute nachmittag kommt Sly, wird ein mächtiger Auflauf!". Leider hatte Rocky an diesem Nachmittag etwas Besseres vor, die zahlreichen Fans warteten vergeblich auf die Ness-HD samt Fahrer. Gegen Abend drehte ich noch die Canyon-Runde bis Malibu und genoß die Lichtkonturen der untergehenden Sonne. Trotz des herrlichen Naturschauspiels und der hautfreundlichen Temperaturen war ich irgendwie unerfüllt. Ja, es war ein lustiger Nachmittag mit Dazugehören und Benzingespräch. Aber der emotionale Kick, das Bewußtwerden der großen Freiheit, hat sich nicht eingestellt. Ich hätte genausogut mit einer Enduro oder einem Tennisschläger antanzen können.

Vielleicht lag es an den Bergen, die den Ausblick auf den endlosen Horizont, auf die Sehnsucht der Entfernung, verwehrten. Trotzdem hätte ich von den bärtigen Harley-Freaks mit den ausgebleichten Stirnbändern mehr erwartet als das Gespräch über die Zitrone im Bier. Irgendeinen, der sich mit schweren Schritten zum Gastgarten hochkämpft und dort die Message verkündet. Etwa so: „Hört mich an, Männer, ich komme aus dem Land des ewigen Friedens und ich habe den gesehen, der über Weg und Zeit waltet!"

Nichts von alldem, nur ein unschuldiger Hauch Lebensphilosophie, garniert mit dem allgegenwärtigen Prestigeanspruch: „Wenn du das im Laden kaufst, Buddy, zahlst du locker 25 große Scheine. Ich hab das meiste selbst gemacht, ich lebe einfach für diese Dinger!"

Am Abend versammeln sich die hohen Lenker in der Mainstreet von Santa Monica. Dieselben Motorräder, andere Kundschaft. Chopper schwingt hier ein stark auf der Yuppie-Side, schwere Uhren und Designerklamotten unterstreichen die muskuläre Körperpflege. Hier regiert König Prestige autoritär und läßt überhaupt keine andere Definition des einspurigen Erlebens zu. Individualismus, Show und Prestige bilden die Antimaterie eines sonst sehr arbeitsamen Alltages. Das System hat sich mit dieser Klientel eine selbstbestätigende Beschleunigungsschleife geschaffen. Diese im Alltag auf höchste Funktionalität getrimmten Leutchen finden hier ihr virtuell-emotionales Ventil. Was ist denn die Harley anderes als ein überteuerter technischer Supergau, der in keiner objektivierbaren Disziplin an japanische Verarbeitungsqualität

heranreicht? Genau diese Perversion, aufgerührt mit einem Schuß Nostalgie, stellt aber den eigentlichen Wert dieser Marke dar. Endlich etwas Unvernünftiges, ja, in seiner offensichtlichen Unvernunft schon Mystisches als Kontrast zur klaren Werteskala des Arbeitsalltages. Sozialphilosophisch betrachtet beschreitet der HD-Yuppie den unbetreten geglaubten Pfad des Individualisten, während die Vordenker unserer Erwerbskultur genau diesen Pfad als „unbetreten" präpariert haben, um eben dem konformen Individuum die Illusion der Individualität zu suggerieren. Frei nach dem Motto: Individualität ist nur dann gut, wenn sie gekauft wird. Aufwandsfreie Individualität ist nur etwas für Sonderlinge. Leute, die lieber mit Rucksack trampen als im vollbesetzten Charter bodenständiges Brauchtum zu genießen. Unerhört! Am Endpunkt führt diese Theorie zu der Erkenntnis, daß jede Form von Konsum, und sei sie noch so ausgefallen, der Qualität „individuell" nicht standhalten kann und daher unter „Prestigeanspruch" subsumiert werden muß. Individuell ist höchstens das nonkonforme Konsumverhalten, also geringeren Produktwert mit mehr Geld zu bezahlen. Dagegen ist meine Yamaha ein „smart buy", der bei vergleichbarer Erlebensqualität zu den viermal so teuren Großchoppern die kalkulierte Seite des Kaufanreizes darstellt. Aber was hilft mir die

and that's
the way
it turned
out to be

12

Go river go
ass the shaded tree
Flow river
flow
flow to the sea
flow
Roger McGuinn: Ballad of Easy Rider

ganzen Rechnerei auf der Suche nach Freiheit?

An der Abzweigung zur 15er nach Las Vegas verliert die 10er die meisten ihrer treulosen Begleiter. Die fernen Konturen der Berge nehmen jetzt kräftige Gestalt an und errinnern an die Tage der Besiedelung. An die kurze, aber umso gegenwärtigere Geschichte dieses Landes, das von den spanischen Seefahrern für das irdische Paradies gehalten wurde. Aufgrund des schwierigen Zugangs über Land oder See wurde das „goodly island" erst 250 Jahre nach seiner Entdeckung durch Hernan Cortez im Jahre 1535, besiedelt.

Illustre Namen wie Juan Rodriguez Cabrillo oder Sir Francis Drake machten der amerikanischen Westküste ihre Aufwartung, die in der Regel zur symbolischen Inbesitznahme für das jeweilige Land führte. Im Zuge der spanischen Kolonialisierung gründete der Franziskaner Junipero Serra etliche Missionen entlang des Camino Royal, der mit der heutigen 101er weitgehend ident war. Darunter auch Los Angeles im Jahre 1781. Hab' Dank, Junipero!

Als Mexico 1821 das Reich, in dem die Sonne nicht untergeht, verließ, fand sich das gelobte Land als mexikanische Provinz wieder. Angesichts des ungeliebten, trotzdem rapide ansteigenden mexikanischen Bevölkerungsanteils ein historisches Bon-

mot. 1846 schließlich besetzten amerikanische Streitkräfte Los Angeles und obsiegten nach zahlreichen Scharmützeln gegen die Californios unter General Andres Pico, dem in seinem Unglück zumindest mit einem nach ihm benannten Boulevard Unsterblichkeit zuteil wurde. So wanderten Kalifornien, Arizona, Nevada, Utah, Colorado, Wyoming und New Mexico unter das Stars and Stripes-Banner.

Kaum hatte man sich von den Mexikanern verabschiedet, lockten Goldfunde Tausende Gücksritter ins Land. Sehr zum Ärger der indianischen Ureinwohner, die die rege Betriebsamkeit in ihren Jagdgründen überhaupt nicht zu schätzen wußten. Zum Schutz der Einwanderer, aber auch, um Übergriffe gegen die indianische Bevölkerung zu verhindern, errichte-

13

ten die Amerika-
ner zahlreiche Forts, darunter das nördlich von
San Francisco gelegene Fort Bragg. Oder Rancho del Chino,
das ich vor wenigen Minuten hinter mir gelassen habe. Historischer
Boden zwischen endlosen Asphaltbändern und der Geschmack des Wilden
Westens im lauen Fahrtwind.

Ich nehme die 30er nach Norden, hinein in den San Bernadino National Forest. Am City Creek Road Richtung Big Bear Lake beginnt sich das Asphaltband zu winden. In Running Springs biege ich auf den Rim Of The
World-Highway ein. Mit diesem Namen bezeichneten die Serrano-Indianer einen wildromantischen Pfad zwischen But-
ler Peak und Arrowhead Lake.

Die Yamaha fließt gleichmäßig ohne Strudel und Wellen durch die Kurven und läßt meine Gedanken
durch Umgebung, Zeit und Raum schweifen. Viel zu früh erreiche ich den Camp Rock Road und
muß mich wieder auf die Orientierung konzentrieren. Keine Frage, da hat die Gerade bis
zum Horizont schon ihre Meriten. Man kann in der Entfernung versinken, ohne eine Abzweigung zu versäumen. Und irgendwie höre ich jetzt den Ruf der Freiheit ganz leise
aus meinem Inneren.

Bis zum ominösen Bruce Willis in der Quelle beschäftigt mich noch einmal die amerikanische Geschichte. Bei mir heißt sie O.K. Corral-Geschichte. Da werden unzählige Hol-
lywood-Schinken über eine Schießerei in einem schmutzigen Hinterhof irgendwo zwischen
zwei Kakteen gedreht und unsereiner sitzt zuhause bei Goßmutters Torte und läßt sich er-
zählen, wie der Kaiser über die Wiener Ringstrasse gefahren ist. Dann denkst du kurz „ach"
und stellst fest: Wenn es zu Omas Zeiten eine 747 gegeben hätte, hätte sie Wyatt Earp
locker die Schußhand schütteln können. Bei uns hauen sie sich schon einige Jahrhunderte
länger die Köpfe ein, haben aber auch nicht viel dazugelernt.
Mir geht es ganz ähnlich. Ich war am Rockstore, in der Main Street, beim Wahrsager in
Venice und auf dem Highway. Niemand konnte mir erklären, wo ich die große Freiheit finden kann. Und vor allem, warum ich dafür einen Chopper brauche. Chief
Chemehuevi ist meine letzte Hoffnung. Was erwartet mich in Willis Well?
Ein rostzerfressener Chevy Pickup neben der Straße. Niemand zu sehen.
Unschlüssig mustere ich das Gelände, da ertönt hinter
mir eine Stimme:
„Wen hofft
er hier zu
finden,

der weiße Reiter?" Der
Chief. Es gibt ihn wirklich. Er sieht aus wie die
Reinkarnation von Freddy Mercury und das Haarband aus
Schlangenleder verdeckt den tätowierten Wolf auf seiner Stirn. Chief
Chemehuevi kennt die Frage, die mich hierher getrieben hat: „Solange du
suchst, hast du noch nicht gefunden. Sobald du den Weg siehst, braucht du nicht mehr suchen, denn ein Weg ist deswegen ein Weg, weil du eben den Weg nicht mehr suchen mußt. Du
sollst nicht suchen, wenn du den Weg gefunden hast, weil du sonst den Weg wieder verläßt. Du mußt also
suchen, um den Weg oder einen anderen Weg zu finden und wenn du weißt, wohin er dich führen soll, wirst du
nicht lange nach ihm suchen. Solange du ihm folgst, erlischt alles Suchen. Aber suche nie den Weg, der dich zur Freiheit
führen soll, denn Freiheit liegt nicht am Ende des Weges sondern im Weg selbst. Und der Weg, den du auswählst, der
bist du!"

Los Angeles empfängt mich bei Sonnenuntergang. Ein überwältigender Wettkampf zwischen
Natur und Zivilisation. Es dauerte eine Weile, bis ich die Botschaft von Chief Chemehuevi ver-
standen hatte. Die Suche nach Freiheit – es gibt sie nicht. Zumindest nicht im materiellen
Sinn. Freiheit lebt in Dir, in Deinen Gedanken. Und der Chopper unter Dir ist genau das
richtige Medium, um diese Gedanken lebendig werden, Gestalt annehmen zu lassen.
Erst wenn Du Dich im Weg verlierst, wenn Du kein Ziel mehr verfolgst, wenn Du Dich
nicht mehr bewegst, sondern der Horizont auf Dich zukommt, bist Du bereit, Freiheit zu
verstehen. Du mußt die Zeit verweigern und die Welt in ihrem Augenblick erfassen. Viele
Wege führen zur Erkenntnis der Freiheit – und das Motorrad ist einer von ihnen.

Und jetzt wird mir auch bewußt, warum es ein Chopper sein muß. Ein Fahrzeug, dessen
Charakter in seiner technischen Beschränktheit zum Ausdruck kommt. Es sind die Schwin-
gungen des niedrig drehenden V-Motors, das selbstverständliche Gleiten unter Verweige-
rung des Tachometers. Es ist die ursprünglichste Form der zeitunabhängigen Fortbewegung.
Du kannst auch auf einer Tourenmaschine langsam fahren und wirst doch nie dieses rausch-
hafte, ruhige Gleiten erleben. Entlang von Nebenstrassen, über die vor gar nicht all-
zulanger Zeit Pferde und Wagen der amerikanischen Geschichte zogen. Langsam
verwitternde Artefakte, die uns als Zuflucht vor den zeitbeschleunigenden
Superhighways dienen. Es sind knappe 70 Jahre, die die Natur, statistisch
gesehen, dem Menschen schenkt. Es liegt an Dir, ob Deine Mo-
mente   kostbar
oder   nur
schnell   sein
sollen.

Die Urmutter aller Viragos. Die XV 750 S.E., 1980 vorgestellt und heute immer noch zu haben.

VIRAGO

oder ....

wie Yamaha die Kurve kriegte

Wenn

es das Motorrad der neunziger Jahre gibt, dann muß es der Chopper sein. Der Chopper ist die Motorradgattung, die den größten Zuspruch findet, quer durch alle Hubraumklassen und alle soziologischen Raster. Die Gründe sind einfach: Je dichter der Verkehr wird, um so mehr wird man zum beschaulichen Fahren gezwungen. Das macht man halt am besten auf einem Motorrad, das dafür gebaut ist. Und die Chopper der aktuellen Generationen schauen nicht nur hübsch aus, sondern auch einladend. Kein Wunder, daß immer mehr dieser Einladung folgen.

Was einer gewissen Ironie nicht entbehrt. Denn wenn dem Motorrad an sich schon historisch der Geruch des Asozialen anhaftet, so war der Chopper das Motorrad derjenigen, denen irgendein Motorrad einfach nicht outlawmäßig genug war. Aber dazu ist an dieser Stelle vielleicht ein wenig auszuholen.

Du warst ein Outlaw, wenn Du Motorrad fuhrst in den Sechzigern. Kein Geld für eine Blechbüchse, immer irgendwie naß und abgerissen. Motorradfahren konnte Dein Bekenntnis sein – kein Dach überm Kopf haben zu wollen, eins zu sein mit der Welt um Dich herum – das zählte alles nicht. Du warst ein Ausgestoßener. Nicht nur in Deutschland, aber vor allem da: in einem Wirtschaftswunderland mit Hochkonjunktur und einer grandiosen Automobilindustrie.

Die vereinten Anstrengungen des Hauses BMW, ein automäßig befriedigter amerikanischer Markt, die Marktlückenfindigkeit aufstrebender japanischen Firmen und ein Trend zum Zweitfahrzeug hierzulande bewirkten es, daß die Siebziger das Verhältnis umkehrten. Du warst nicht mehr ein Habenichts, wenn Du ein Motorrad fuhrst, sondern wenn Du keines hattest.

So bildete sich ein ziemliches Motorradfahrereinerlei heraus. So einerlei war es, daß es schon wieder guttat, sich abzusetzen. Der englische Sprachraum, traditionell mit einer größeren Toleranz gesegnet als der deutsche, tat sich da hervor: In England feierte die Rocker-Szene Ihre Runs in Tausenderscharen: Mit poliertem Leder-

Outfit, umgehängten Ketten, Leopardenfell auf den Schuhen, Schmalzlocke im Haar, im Ohr das Hämmern von Langhuber und Bill Healey, sowieso. Halb England, konnte man meinen, war Marlon Brando in „The Wild One". Aber das war ein amerikanischer Film, und fast zwei Jahrzehnte später war es wieder ein US-Streifen,

der die Idee des Outlaw-Motorradfahrers auf die Reise um die Welt schickte.

Easy Rider war die Übersetzung des Brando-Streifens in den Geist der aufkommenden Siebziger. Wild waren hier nicht mehr die Biker – die hatten ihren Joint und ihren Spaß – sondern die, die ihn den nicht gönnten. Die Herren Fonda und Hopper wurden zu Idolen weltweit, und ihre Motorräder nicht minder. Lange Gabel, hoher Lenker, Stufensitzbank, viel Chrom, Krach und Flammen.

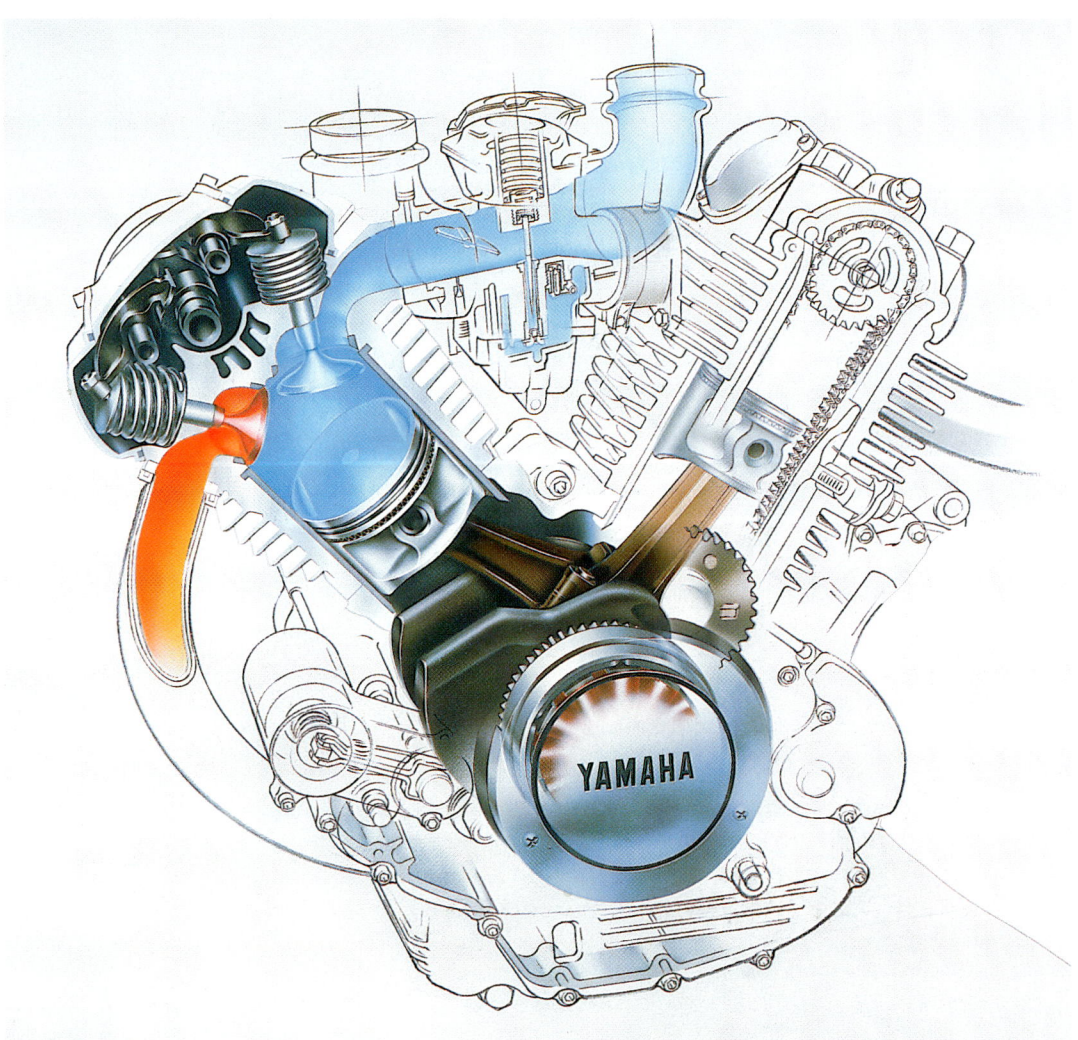

Man mag solche Motorräder gut finden oder auch nicht. Festgehalten werden muß, daß sie das Motorrad an sich feierten und mit Glamour in Szene setzten: den Gedanken des Motors mit zwei Rädern dran und richtig viel Wind um die Fahrernase. Sie konnten das Wesentliche um so opulenter feiern, je mehr sie das Unwesentliche zuvor weggelassen hatten. Das hatten sie regelrecht abgehackt, was sich schon am Wort erkennen läßt: Chopper kommt von to chop, und das ist normalerweise das, was man mit Brennholz macht.

Und tatsächlich choppten sie nicht nur die überkommene Vorstellung eines Motorrades zu

Kleinholz, sondern choppten auch an realen Maschinen so allerhand ab: Schalldämpfer, Rahmenheck, soviel Federweg wie möglich hinten – aber nur, um den vorne gleich wieder dranzusetzen.

Die Motorradindustrie brauchte eine Weile, bis sie merkte, was da passiert war. Die Harley-Jungs waren noch die ersten. Aber zum einen hatten sie die Motorräder für den Film wahrscheinlich gestellt und zum anderen waren sie ja auch am dichtesten dran. Als nächstes merkten dann die Marktbeobachter der japanischen Newcomer, daß ein zunehmend großer Teil ihrer Käuferschicht ihren Lenker gegen eine Segelstange austauschte, Krawalltüten montierte und den Tank poppig bunt lackierte, obwohl der doch so herrlich unimetallic war.

Daß Motorradbauer in solchen Fällen schnell reagieren können, zeigten sie noch einmal ein paar Jahre später: Als sie merkten, daß immer mehr Motorradfahrer ihr Motorrad zu einem Pseudorenner umbauten, fingen sie an, die Race Replicas von der Stange zu bauen. Dafür war das hier nur eine Generalprobe, und man kann nicht wirklich sagen, daß sie so richtig gut verlief. Denn das Thema „The Wild One" in straßenzulassungsfähige Großserienspezifikation adäquat umzusetzen, war eben doch ein ziemlich hoch gestecktes Ziel.

Um einen Harley-Motor herum hätte sich sowas vermutlich ein wenig leichter bauen lassen, aber die Interpretation einer wildgewordenen Harley auf Basis

Und tatsächlich choppten sie nicht nur die überkommene Vorstellung eines Motorrades zu Kleinholz, sondern choppten auch an realen Maschinen so allerhand ab.

eines 185 ccm-Motörchens wie im Falle der CM 185 T machte sich doch etwas hilflos.

Die nächsten Jahre sahen eine Chopperschwemme biblischen Ausmaßes. Nichts schien heilig, das Spektrum reichte vom MZ-Chopper bis hin zur Vierzylinder-Wild-Bike. Die organischsten Kreationen waren aber die zweizylindrigen. Yamaha hatte hier die besten Voraussetzungen: Zum einen hatte man den quasi englischen Motor in Form des XS 650-ohc-Paralleltwins durch all die Modelljahre gehätschelt. Zum anderen wußte man bereits einen richtig dicken V-Zweizylinder, sprich Choppermotor, in der Planung: den der TR 1.

Aber es ist halt auch immer eine Frage, was man draus macht, und was die Yamaha-Leute aus den Vorlagen schufen, machte sich, wenn auch nicht immer, so doch in den meisten Fällen recht überzeugend. So eine geglückte Kreation war die XS 650 S.E., vor allem gemessen daran, daß sie mit dem Vorstellungsjahr 1979 als eine der ersten Fingerübungen im Chopperbereich überhaupt gelten muß. Nicht zu dick aufgetragen, aber vor allem dank des herrlichen Motors und des für die Zeit heftigen Hinterradreifens atmete der Spirit aus jeder Schraube des XS. Gar nicht auszudenken, was für ein Motorrad das mit Drahtspeichenrädern geworden wäre.

Ein wenig krampfig kam dagegen die XV 750 S.E. daher, mit DOHC-Reihendreizylinder. Nein, sowas war eher ein Musclebike, eine Art Vorläufer der Vmax viel-

Parlauf anno 1981. Auf dem neuen V-2 baute Yamaha Tourer und Chopper auf: Die TR 1 mit einem Liter Hubraum und Kettenantrieb sowie die XV 750 mit Kardan. Als „XV 1000 Midnight Special" mutierte sie zur Tausender und 1986 zur „XV 1000 Virago". Der Hintergrund des Namens: „virage" steht im französischen für Kurve. Und die kriegte Yamaha mit der Virago.

leicht. Aber etwas anderes sichert ihr ihren festen Platz in der Ahnenreihe der Virago: Sie hatte einen Kardan, den das Haus Porsche im Lohnauftrag zu entwickeln geholfen hatte. Und das war doch ein solides Erbe für die Nachfahren.

Die Zeit stiefelte schnell über den Dreizylinder hinweg und gelangte recht bald an die Ufer der Neuzeit: 1980 kam mit der TR 1 das heraus, was die Yamaha-Chopper für die nächsten Jahre einzigartig machte: Der V-Motor. Das war ein richtig dicker Wuchtbrummer, mit einem voll eingeschenkten Liter Hubraum, der klassischen Ventilpaarung und einer Nockenwelle je Zylinder, nicht zu vielen Ausgleichswellen (nämlich keiner) und einer Drehmomentkurve von der Dramatik der nordfriesischen Torfebene.

Mit 70 PS war der Motor leistungsmäßig sosehr in Ruhe gelassen, daß sich keine nennenswerten Einbußen ergaben, als man ihm ein wenig Bohrung wegnahm, so daß jetzt ein 750er draus wurde. Dadurch bekam die TR ihr Schwestermodell, die XV 750 S.E.. Und wenn man so will, war das die Geburtsstunde der Virago. Denn die XV 750 vereinte in sich die wesentlichen Merkmale der nachfolgenden Generationen: Zweizylinder, Kardan und kombinierten Preßstahl-/Rohrrahmen.

Den hatte sie 1:1 von der TR 1 übernommen: eine geniale Konstruktion aus zusammengeschweißten Blechformteilen, die oberhalb des Motors fest mit diesem verschraubt waren und sich mit dem konventionellen Rohrwerk zu einer nicht nur leichten, sondern auch stabilen Einheit fügte.

1981 rollte das ungleiche Paar aus TR 1 und XV erstmals über deutsche Straßen. Der Tourer geriet zum historischen Flop, doch der Chopper schlug auf Anhieb ordentlich ein. Zu diesem Zeitpunkt wußte man bei Yamaha bereits, wohin der Hase läuft. Ed Burke, Entwicklungschef bei Yamaha US, brütete mit seinem Team längst über der neuen Custom-Generation: „Bereits 1975 wurde eine neue Fahrzeuggattung mit höherem Alltagswert und attraktivem Styling diskutiert. Mit der XV-Serie konnten wir eine überzeugende Antwort auf die Forderung nach entspannter Sitzposition, niedriger Sitzhöhe und dem damals verwegenen Chopper-Image geben. Nach der ersten Blüte japanischer Sportmotorräder wurde der Trend zum vernünftigen, bequemen, leistbaren und optisch ansprechenden Alltagsmotorrad immer stärker. Mit der Virago-Serie wurde ein weltweiter Bestseller geschaffen, obwohl sie für den amerikanischen Markt konzipiert ist. "

Der Tourer geriet zum historischen Flop, doch der Chopper schlug auf Anhieb ordentlich ein.

Aber bis Virago auf den Markt kam, war es noch eine Zeit, und die vertrieb Yamaha sich und seinen Kunden mit hübsch anzusehenden Brot-und-Butter-Choppern und High-Life-Edelversionen. Während zur ersten Liga die S.E.-Version der populären XS 400 gehörte, setzte Yamaha mit der „Midnight Special" der Chopperwelle die Krone auf. Ganz in Schwarz, Gold und Alu gewandet, fehlten dem Glanzstück zum ultimativen Edelbike eigentlich nur die Straßsteine im Schriftzug.

War die XV 750 S.E .sozusagen eine customisierte Ver-
kleinerung der TR 1, so war die Mitternachtsspitze die
Vergrößerung der XV 750 S.E.. Die Zylinder mit der
dicken Bohrung und damit den vollen Hubraumliter
brachte sie von der TR 1 mit, das Motorgehäuse jedoch
von der XV – und damit den Kardan. Die TR 1 verschied
über die Operation, der XV 1000 war dafür ein um so
längeres Leben beschieden. Von Stund´ an wurde sie
nur noch verfeinert, und nach inzwischen fast 20 Jahren des Verfeinerns kann man sich vorstellen, was für
ein feines Motorrad dabei herauskommt. 1986 bekam
sie zwei fein verchromte Stereostoßdämpfer anstelle
der unselig schwarzen Cantilever-Schwinge, 1988 eine
Hubverlängerung und 1100 ccm verordnet, und 1994
gottseidank auch richtig schöne Drahtspeichenräder.

Zwischendurch hatte sich die XV-Familie ein bißchen
vergrößert: Der jüngste Sprößling hieß XV 500, und die
wuchs so schnell heran, daß sie die 750er aus der Fa-
milie verdrängte. Das wirklich Interessante an diesem
Motorrad war, daß es alle Elemente der XV 1000 –
Preßstahlrahmenoberzug, luftgekühlter V-Motor,
Kardanantrieb und Cantileverschwinge – hatte, aber
komplett neu konstruiert war. Vor allem der Motor,
dessen Zylinderwinkel jetzt von 75 auf 70 Grad zurück-
genommen war, war ein echtes Sahnestückchen. Von
den 50 PS der 750er fehlte ihr nur eines, aber weil sie
dabei auch geschlagene 40 Kilo weniger auf den Preß-
stahlrippen hatte, war sie im Verhältnis zur 750 eigentlich das bessere Motorrad.

Wie aber die großen XV-Modelle trug sie noch ein kleines Manko mit sich herum, und das wurde spätestens
1986 deutlich, als die Suzuki Intruder ihre Hüllen fallen ließ: Das war konsequentes Chopperdesign, plötzlich waren die XV-Modelle nur noch Softchopper. Die

Wie alles anfing: der Motor der TR 1

Zielgruppenwelt war gespalten: Wer mehr Motorrad
wollte, nahm die Yamaha, wer mehr Chopper wollte,
die Suzuki.

Oder er wartete einfach noch ein Jährchen. 1987 rollte Yamaha mit der XV 535 zuerst auf den Pariser Salon,
dann in die Showrooms der Händler und von dort aus
direkt in die Herzen der Fans. Virago hieß fortan das
neue Zauberwort, wenn es um Chopper ging. Zehn
Jahre lang büßte die Virago kein bißchen von ihrer Ak-
tualität ein, und auch die Drag Star verdoppelte den Vi-
rago-Erfolg eigentlich nur. Aber wer wären wir, Ed
Burke, dem Vater der Virago, das Schlußwort wegzu-
nehmen. Also bitte, Ed.

„Die Virago ist heute schon ein Klassiker, der Motor-
radgeschichte geschrieben hat. Als Ergänzung tritt die
ebenfalls von Yamaha US konzipierte Drag Star an. Vor-
erst mit 650 ccm, in der Folge mit größeren V-2Moto-
ren. Wir sind überzeugt, daß die Star-Linie genau dem
Anspruch der motorradfahrerInnen hinsichtlich Charakter, Unverwechselbarkeit und Funktionalität entspricht.“

Wir auch, Ed.

1988
VIRAGO
XV 535

Ende der Siebziger brach das Chopper-fieber aus. Aber es sollte fast zehn Jahre dauern, bis die ersten wahrhaftigen Großserien-Chopper vom Band liefen. Die Interpretationen waren von Marke zu Marke unterschiedlich, und ebenso die Klasse, die sie belegten. Yamaha peilte mit der Virago die Mittelklasse an. Und das gelang ihnen so gut, daß der Erfolg über diese Grenzen hinausging. Gestatten: Virago. Ein Motorrad, dessen Name zur Legende wurde.

MOTOR

Was für eine Frage! Natürlich braucht ein Chopper, und mag er noch so small oder soft sein, einen V-Motor. Keine Gimmicks wie Wasserkühler – dicke Kühlrippen müssen her, und die Nockenwelle darf auch eine einfache sein, wenn nur das Deckelchen drauf hübsch genug ist. Fürs Cruising braucht's nicht Power, sondern Schmalz aus dem Drehmomentfass – und den bekommt ein guter Konstrukteur auch mit guter, ehrlicher Technik.

Die bekommt er vor allem dann, wenn er schon eine Grundlage hat. Unser Mann wendet sich also ab vom Reißbrett, er muß das Ei des Columbo nicht neu erfinden. Er erinnert sich an die XV 500, Baujahr 1982. Der Motor hatte und hat noch immer, was es braucht: Zwei Zylinder im Victory-V-Design, klare Linien und das rechte Kubikmaß für die Mittelklasse. Fast zumindest, denn der halbe Liter Hubraum wäre vielleicht doch ein wenig weit vom Schuß in Sachen Easy Riding.

Aber immerhin, sonst ist alles da, was nicht nur der Fortbewegung dient, sondern auch dem Auge gefällt: 70 Grad Zylinderwinkel, sieben Zentimeter lange Kühlrippen, muskelverheißende Bauweise. Und was stören könnte, fehlt: Keine Ölleitungen oder Wasserschläuche stören die Harmonie der Technik, die eins ist mit sich selbst. Hi-Tech-Schnickschnack ist hier fehl am Platz, fürs Cruising braucht's Ruhe und Charisma.

Und das spendet nichts besser als ein gestandener Hubraum – mehr als die 499 ccm der XV 500. Denn der Halbliter-V-Twin der ersten Stunde ließ die XV für ein Motorrad ihrer Gattung über die Maßen ordentlich abgehen, wenn ihr Rider sie in höhere Drehzahlbereiche trieb. Doch dieses gewisse charakteristische Stampfen, das ging ihr irgendwie ab.

Mehr Bohrung oder mehr Hub – zwei Wege zur Dampfhammercharakteristik, und bei Yamaha ging man den ersten und damit einfacheren Weg. So wuchs der 500 ccm große Vau durch Aufbohren der Zylinder von 73 auf 76 mm zum 535er. Der Arbeitshub der Kolben blieb mit 59 mm unverändert. Vor allem sollte dies die Laufkultur zugunsten durchzugsstarker Motorcharakteristik verbessern – mehr Kraft aus niedrigen Drehzahlen für schaltfaules Fahren.

Einfache und solide Technik gibt's im Zylinderkopf. Je ein Ein- und Auslaßventil pro Zylinder reichen zur Zwangsbeatmung des Twins aus: Auf die paar PS, die ein zweites Ventilpaar brächte, kommt es nun wirklich nicht an. Nicht paarweise, sondern ebenso vereinzelt kommt auch die Ventilbetätigung in Form je einer obenliegenden Nockenwelle daher, jeweils getrieben von einer Rollenkette, die per automatischem Steuerkettenspanner stets auf Spannung gehalten wird.

Somit darf man die Technik der Virago getrost als „solide Hausmannskost" schubladisieren. Und das ist nicht nur deswegen nicht abwertend gemeint, weil die Technik einer Harley im Vergleich noch um etwa zwei Jahrzehnte bodenständiger ausfällt, sondern auch, weil die Virago-Technik damit robust und wartungsfreundlich ist. Ventilspielkontrolle? Kein Problem für Wochenendmechaniker: Die über Kipphebel betätigten Ventile können schnell mittels Einstellschrauben auf das korrekte Ventilspiel gebracht werden – laut Handbuch ist diese Prozedur zudem nur alle 6000 km nötig.

Beatmet wird der Twin von zwei 34-mm-Gleichdruckvergasern, die es sich unter dem Tank zwischen den Zylinderköpfen bequem machen. Die Deckel der beiden Vergaser bilden auf der rechten Fahrzeugseite optisch die „Krone" des Zylinder-V, das – messerscharf umrissen und ohne störende Schnörkel – über dem glänzenden Kurbelgehäuse wie aus dem Vollen gemeißelt scheint. Große, glattflächige Zylinderdeckel und die tiefen Kühlrippen befördern die beiden Zylinder optisch auf das Niveau von Big-Block-Bikes. Werft der Virago vor, was Ihr wollt – aber eines nicht: daß sie in Bescheidenheit glänzt. Tatsächlich bietet kein anderes Motorrad dieser Hubraumklasse ein so ausgeprägtes Motordesign.

Recht ungewöhnlich an der 535 ist die Unterbringung des Luftfilters. Dort, wo alle Welt noch immer einen Tank vermutet – nämlich zwischen Lenkkopf und Sitzbank – sorgt ein Naßluftfilter für die staubfreie Zufuhr der Ansaugluft. Logisch, eigentlich. Denn die beiden senkrecht montierten Vergaser münden ja direkt unter dem „Tank". Damit darf sich die Virago in dieser Hinsicht gar zur Avantgarde zählen – immer mehr Sportmaschinen haben eben diese Anordnung vorzuweisen.

Im Motor steuert eine wartungsfreie Transistorzündung die saubere Verbrennung in den beiden Zylindern, um anschließend die Abgase in zwei unterarmdicke Krümmer zu entlassen. Dabei springen in der ungedrosselten Version 48 Pferdestärken bei 7500/min heraus. 47 Nm stehen bei 6000/min an der Kardanwelle bereit, um mit satter Durchzugskraft zu verwöhnen. Logischerweise steht auch eine Drossel-Version für den Stufenführerschein bereit. Ab Werk wird die Leistung aufwendig per Nockenwellen gedrosselt, eine nachträgliche Drosselung – zum Beispiel beim Gebrauchtkauf einer „offenen" – kann jedoch auch mit kleineren Ansaugstutzen und Vergaserblenden erreicht werden. Das kostet viel weniger.

Dank der drehmomentstarken Auslegung des XV-Motors reicht der Virago ein Fünfganggetriebe – ein sechster Gang wäre Stilbruch. Für eine leichte und zuverlässige Trennung von Motor- und Antriebseinheit im Bedarfsfall kümmert sich eine Ölbadkupplung, per Seilzug über den linken Handhebel zu aktivieren.

EQUIPMENT

So ein Chopper hat kein begrenztes Einsatzfeld. Mit ihm fährt man in die Stadt oder über Land, um die Ecke oder einen Tagesritt weit. Damit man wie auch frau dabei stets choppermäßig cool sitzen kann, ist eine entspannte und lockere Sitzhaltung ebenso entscheidend wie der Sightseeing-Faktor: Denn nur aus der unverbauten Rundumsicht und der aufrechten Sitzhaltung bekommt der Rider die Umgebung richtig mit.

Auch wenn der Kopf unterschiedlich hoch ist: Denn die Virago gibt auch den weniger Langbeinigen eine Chance, und dies sogar auf mustergültige Art und Weise. Mit ihrer niedrigen Sitzhöhe von nur 70 Zentimetern läßt sie Groß und Klein sich bequem in den Sattel falten. Und wer dann einen noch besseren Stand haben und die Sitzposition absenken möchte, kann dies mit kürzerem Stoßdämpfern problemlos tun.

Beruhigend wirkt auch die Sitzfläche. Die breite Sitzbank ist üppig gepolstert, das Komfortangebot darf durchaus als großzügig bezeichnet werden. Zumindest, was die Sitzposition des Fahrers angeht. Denn dem Sozius steht ein etwas kleineres Sitzbrötchen zu. Auf dem möchte zwar kaum einer bis Spanien mitgenommen werden. Aber für kurze Zeit läßt sich's aushalten, je nach Zuneigung zwischen Beifahrer und Fahrer.

Für dessen richtigen „Drive" gibt's einen „Pull back"-Lenker, gekrönt von zwei verchromten Rückspiegeln. Gut zur Hand liegen die Bedienungselemente. Schalter und Hebeleien sind gewohnt hoher japanischer Standard, was die Funktion angeht, und dürften, was die Optik betrifft, auch einem Vee-Two gut zu Gesicht stehen.

Das gilt nicht minder für den stilsicheren Auftritt des Tachos. Einsam thront er da, zwischen den Lenkerflügeln. Und weil cooles cruising mit Zeitdruck unvereinbar ist, gibt es weder einen hektischen Drehzahlmesser noch eine Zeituhr oder ein anderes Instrument. All das, was Du über den Tachostand hinaus wissen willst, ist an den Kontrolleuchten abzulesen: In der kleinen Konsole unterhalb des Speedos liegen sie bestens im Blickfeld.

Direkt hinter dem Tacho erhellt ein klassisch-schlichter Rundscheinwer-

ℰrlebnis Virago

Lifestyle-Vehikel oder Abenteuer-Partner: Die Virago taugt auf dem einen Parkett ebenso hervorragend wie auf dem anderen.

So schön kann Großserie sein: Die Virago besticht durch ein Design, das den Chopperspirit bis ins letzte Inbusschräubchen trägt. Der V-2 macht dabei mehr her, als er mit 535 ccm tatsächlich draufhat. Leistungsmangel stellt sich dennoch nicht ein – die Virago ist klassenlos.

fer im edlen Chromdress die nächtliche Fahrbahn. Schade, daß er nicht etwas höher liegt: Dann könnte man unterwegs verfolgen, wie der blaue Himmel mit weißen Wölkchen über dem eigenen Jethelm gelassen hinwegzieht. Spiegelfläche gibt´s hier jedenfalls genug.

Zum runden Scheinwerfergesicht passen auch die kleinen Blinker, deren verchromte Rückseite alles reflektiert, was ihnen in die Nähe kommt. Noch mehr Chopperfeeling gefällig? Zwischen Fahrer und Lenkergriffen schmiegt sich der Tank, stilecht in Tropfenform. Im vorderen Bereich hinter der Gabelbrücke breit und füllig und – zur Verstärkung der Wespentaille – zur Sitzbank schmal und flach zulaufend. Echter kann eine Täuschung kaum aussehen, denn unter dem gepreßten Stahlblech verbirgt sich das Luftfilterelement, das das darunterliegende Vergaserduo mit Ansaugluft füttert.

Wo ist also der echte Tank? Dort, wo auch der Schwerpunkt zuhause ist – unter der breiten Sitzbank. In Sachen „niedriger Schwerpunkt" macht der XV somit kaum einer etwas vor: Denn der wird nicht nur durch die Tankanordnung, sondern auch durch die niedrige Sitzhöhe begünstigt.

Theoretisch macht das noch mehr Sinn als praktisch. Denn diese Anordnung erlaubt es, den optischen Tank klein zu halten und den realen

Tank nicht nur in Schwerpunktnähe zu plazieren, sondern auch größtmöglich ausfallen zu lassen. Schade nur, daß die Rechnung erst im zweiten Anlauf aufgeht: Mit den 8,6 Litern Tankinhalt der ersten XV-Generation ist kein Staat zu machen. Erst mit dem auf 13.5 Litern gesteigerten Volumen des zweiten XV-Jahrgangs ab ´89 ist alles wieder gut. Dann aber auch so gut, daß das Manko der Erstausgabe schnell in Vergessenheit gerät. Denn wenn der sparsame Twin seinen Benzinvorrat aufgenuckelt hat, ist es eh´ Zeit, sich die Beine zu vertreten. Und für alle mit geduldigerem Sitzfleisch leuchtet ein kleines Lämpchen in der Instrumentenkonsole auf. Zeit, mit einer Bewegung des rechten Daumens die elektrische Benzinpumpe zu aktivieren, die den letzten Liter in die Vergaser pumpt. Nicht nur echt cool, sondern auch echt sicher, zumindest im Vergleich zur Fummelei früherer Tage, die immer das einhändige Fahren und das krampfhafte Abwinkeln des Kopfes nach oben erzwang.

Neben dem Tropfentank haben auch die seitlichen Lufthutzen nicht die Funktion, die zu haben sie den Anschein erwecken. Nach allen Erfahrungswerten wähnt man unter den tropfenförmigen Chromgehäusen den Luftfilter – doch gefehlt: Unter der rechten Schale verbirgt sich die Elektrik, rechts gar nichts. Aber das tut der Chromfläche ja nun keinen Abbruch.

Damit die Lebensäußerungen des V-2 auch die richtige Klangfarbe haben, atmen beide Zylinder über zwei weit geschwungene Krümmer aus. So großzügig, wie sie bemessen scheinen, sind sie freilich nicht: Der Außendurchmesser ist der der Chromblenden, die eigentlichen Krümmerrohre, die sich darunter verbergen, sind nicht ganz so imposant. Der Krümmer des vorderen Zylinders zieht sich dicht unter dem Motorgehäuse her, während sein hinterer Kollege sich seitlich nach rechts aus dem Rahmen windet und in kunstvollem 170°-Schwung in das waagerechte Schalldämpferrohr einfließt. Die verchromten, parallel verlaufenden Dämpferrohre erinnern dabei an große Orgelpfeifen. Chopperbauer aufgepaßt – so schön kann man einen Auspuff bauen...

Erstaunlicherweise enden die beiden schräg angeschnittenen Endrohre fast genau so schnell, wie sie beginnen – wie ist bei dieser geringen Schalldämpfergröße eine TÜV-konforme Dämpfung möglich? Durch mehr Volumen natürlich. Das versteckt sich unter der Schwingenachse in Form eines Ausgleichsbehälters.

Während dieser unsichtbar ist, versteckt sich die Kraftübertragung zum Hinterrad kein bißchen. Muß sie auch nicht – denn dort, wo meist eine (manchmal auch) ölige Kette rasselnd ihr Unwesen treibt, erledigt ein Kardanantrieb diskret und sauber die Kraftübertragung. Gespannt werden muß nicht, nur ab und an nach dem Ölstand im Kardansystem geschaut werden. Alle 6000 km, sagt der Wartungsplan.

Die Schutzbleche sind, wie sich das für einen echten Cruiser gehört, aus solidem Stahlblech gefertigt. An der Fahrzeugfront schützt ein schlankes Exemplar überm Vorderrad, und um so breiter wirkt das über dem Hinterrad. Nach amerikanischem Vorbild zieht es sich tief hinunter und findet seinen schwungvollen Abschluß unter einem soliden Rücklicht auf einem beinahe massiv verchromten Sockel – ein würdiger Abschluß.

Für die Füße des Choppertreibers bieten sich moderat nach vorn gezogene Fußrasten an, die eine entspannte Haltung zulassen. Die danebenliegenden Brems- und Schalthebel sind Vollmetallausführungen, von einer spiegelglatten Chromschicht geschützt. Auch der Beifahrer kann seine Füße auf solide Rastenstellen. Auch deren Aufhängung solide – direkt am Rahmen statt an der beweglichen Schwinge.

FAHRWERK

Ein Chopper muß nicht alles können. Aber eines darf er auf keinen Fall: Streß bereiten. Leichter gesagt als

getan, denn die Technik wird auch von der Optik diktiert: Schlanke Front und fettes Heck bringen ein ziemliches Ungleichgewicht mit sich – eigentlich schlechte Voraussetzungen für ein cooles Handling.

Während allerorten die Reifenbreiten zunehmen, begnügt sich die XV mit einem Pneu wahrer Moped-Dimension. Auf der nur 1.85 Zoll schmalen Felge mit 19 Zoll Durchmesser sitzt ein 3.00-Reifen. Die Führung der schlanken Vorderhand übernimmt eine Telegabel, im flachen Lenkkopfwinkel von 58,5° recken sich die Standrohre zur Vorderradachse. Die 36 mm-Gabel bietet keine Einstellmöglichkeit, erlaubt dem Vorderrad aber großzügige 150 mm Federweg.

Eine Bremsscheibe mit 298 mm Durchmesser und Schwimmsattel stoppt bei Bedarf das Vorderrad. Gemessen an Sportbikes wirkt das Equipment dürftig, aber viel mehr Bremskraft könnte der schmale Vorderreifen ohnehin nicht übertragen.

An der Hinterhand bügeln zwei Federbeine die Unebenheiten deutscher Highways aus. Für verbessertes Federverhalten bei unterschiedlichen Belastungen sind die Federn progressiv gewickelt: Das, heißt daß die Feder sich mit steigendem Einfederweg überproportional verhärtet. Daß der Dämpfer und die sich darüber windende Feder komplett verchromt sind, paßt nur ins Bild.

Auffallend solide präsentiert sich die obere Federbeinaufnahme. Ein aus massivem Metall geformtes Chromteil nimmt beide Federbeine an ihren oberen Augen auf und verbindet sie unter der Sitzbankkante mit dem Rahmenheck. Ein echter „eye-catcher". Dezenter, aber hilfreich: Die Federbeine lassen sich in der Federvorspannung 5-fach justieren und bieten 85 mm Federweg.

Die Kardantechnik an der Hinterhand fügt sich harmonisch ins Gesamtbild ein. Der als linker Schwingenholm ausgebildete Kardantunnel und das Gehäuse sind relativ zierlich ausgefallen, und auf der rechten Seite des Hinterrads ziert eine sauber verarbeitete Abdeckplatte die 200 mm-Bremstrommel. Die Bremskraft vom Pedal gelangt per Gestänge ans Hinterrad – selbstverständlich ein Speichenrad, drei Zoll in der Breite und 15 Zoll im Durchmesser. Aufgezogen ist ein 140/90-Gummi, der einem Starrahmenchopper als Federung genügen würde.

Das verbindende Element zwischen Fahrwerk und Antriebseinheit der XV 535 ist ein kombinierter Preßstahl-Rohrrahmen. Was ja schon eine kleine Überraschung ist, denn diese Rahmenform findet bei Rollern nahezu durchgängig, bei Motorrädern jedoch nahezu nie Verwendung. Gut, die Virago ist da eine Ausnahme, und die Gründe dafür sind eigentlich gute. Die Stabilität läßt sich

Die XV 535 Story
– Stationen der Modellpflege –

1989:

XV 535 (Modell 3 BR 3; 3 BT 5):
– Tankvergrößerung auf 13,5 Liter,
– geschlitzte Bremsscheibe,
– zweiteilige, zweifarbige Sitzbank,
– Aluminium- statt Stahl-Fußrasten,
– auf Wunsch mit flachem Lenker,
– neue Blinker-Form,
– Motorgehäusedeckel poliert.

1991:

XV 535 (3 BTF; 3 BTG):
– digitale Zündanlage,
– Leistungsreduzierung der ungedrosselten Version von 48 auf 46 PS.

1994:

XV 535 SP (4 KU 3; 4 KU 4):
– Zweifarben-Lackierung,
– verchromte Vergaser- und Motorgehäuse, Handhebel, obere Gabelstopfen, Hupe,
– neue Sitzbankform,
– dreidimensionales Tankemblem.

1995:

XV 535 / XV 535 S (4 KU 8):
– Umbenennung der XV 535 SP in XV 535 S (SP nur für YZF-Reihe),
– Öffner- und Schließzug,
– Zweikolben-Bremszange vorn,
– geänderte Bremszangenaufnahme und Bremsscheibe,
– geänderter Seitenständer.

1996:

XV 535 / XV 535 S (4 KUH):
– Ansaugkasten mit Resonator,
– vergrößerte Schalldämpfer,
– rechteckige Spiegelform,
– verchromter Seitenständer,
– Elektrik in seitlichen „Lufthutzen".

1998:

XV 535 / XV 535 SX
– nur noch DX-Version verfügbar
– S-Ausstattung serienmäßig.

Vorsicht, Falle: Bei der Virago steckt unterm Tank das Luftfiltergehäuse, der Tank hingen unter der Sitzbank. Der Motor begeistert durch seine herrliche Verrippung.

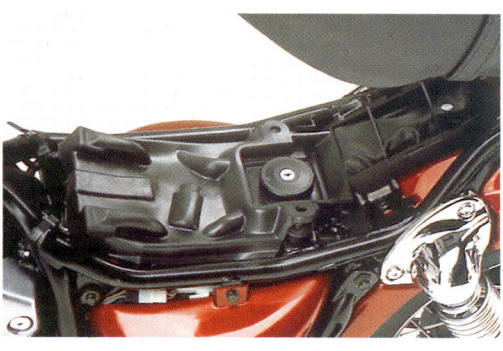

1988

1989

1990

1991

1992

1993

1994

1995

1996

1997

1998

nach Belieben dosieren, die Fertigung ist einfacher. Und die weniger adretten Teile verschwinden ja ohnehin unter den Anbauteilen.

Auf das Konto des Preßstahlrahmens geht auch die Tatsache, daß die Virago ohne Motorunterzüge auskommt. Der vordere Rahmenteil ist direkt mit dem Motorgehäuse verschraubt. Das schafft Stabilität, mehr Bodenfreiheit und den Platz, der nötig ist, um den Krümmer des vorderen Zylinders unter dem Motor entlangführen zu können.

Der übrige Rahmen – vom Tank bis zur Sitzbank – ist ein handelsüblicher Stahlrohrrahmen. Er fällt knapp über dem hinteren Zylinderkopf stark ab, um die geringe Sitzhöhe von nur 710 mm zu ermöglichen. In Höhe der oberen Befestigungsaugen für die beiden Stoßdämpfer zieht er sich dann wieder höher und endet oben auf dem hinteren Schutzblech. Weil er so schön verwindungssteif ist, kann auch seine Wespentaille so schlank ausfallen: Ihm verdankt das Motorrad den schön schmalen Tank-Sitzbank-Übergang.

ON THE ROAD

Jethelm, Sonnenbrille und bequeme Bikerboots, das ist die Standardausrüstung der Chopperliga. Bequem soll's sein, nichts den Genuß versperren – sei es den des Sehens auf den Landsträßchen der Umgebung oder den Gesehen-Werdens beim Cruisen auf der Café-Meile.

Stilecht gerüstet, freuen wir uns auf einen kleinen Ausritt auf der XV. Also, wo ist das Zündschloß? Jedenfalls nicht an der oberen Gabelbrücke. Die Suche auf der linken Fahrzeugseite zwischen Seitendeckel und hinterem Zylinder führt doch noch zum Erfolg – und einen schönen Gruß aus den Staaten!

Zündung auf „ON", ein kurzer Druck auf den Starter, und der Motor erwacht zum Leben. Der Choke links unter dem Tank kann bald zurückgeschoben werden. Leicht greift die Kupplung, und auch die Gänge flutschen nur so 'rein. Zügig setzt die XV sich in Bewegung, und ebenso flott sind alle fünf Gänge durchgeschaltet – schon schippert man im letzten Gang dahin, ohne daß der Motor dabei ein Zeichen von Unwilligkeit von sich gäbe.

Der Blick schweift dabei über den gut ablesbaren Tacho in Richtung Horizont. Handhebel wie Schalter lassen sich sicher bedienen, bereits nach kurzer Zeit sind die Bedienungsvorgänge gespeichert. Ein Umstand, der zur ebenso wie das erfreulich starke Durchzugsvermögen zur Ruhe beiträgt, die sich beim Fahren einstellt.

Bereits ab 40 km/h im letzten Gang zeigt der kleine V-Twin seine Kraft. Ohne auch nur mit einem Verschlucker zu patzen, dreht er locker hoch, ganz schön hoch sogar. Um die vollen 48 PS zu erzielen, muß die Kurbelwelle immerhin 7500 mal pro Minute rotieren. Aber in diesen Drehzahlbereich wird kaum jemand seine XV scheuchen. Viel Speed bringt es nicht, und Spaß macht es auf anderen Bikes mehr.

Bevorzugtes Revier der Virago sind Landstraßen mit Kurven – richtig gehört. Trotz Chopperstyle lassen sich Kurven wunderbar umrunden – da ist wohl der Name Programm (frz. virage = Kurve). Selbst bei zügigem Landstraßentempo setzt nichts auf, und auch das gefürchtete Wackeln bleibt aus. Erst bei wirklich sportlicher Fahrweise gerät das komfortable Fahrwerk an seine Grenzen, Gabel wie Federbeine wirken dann leicht unterdämpft. Hinzu kommt in sehr schnellen Kurven ein leichtes Pendeln, das aber keine beunruhigenden Formen annimmt.

Kann eine einsame Scheibenbremse vorn 200 Kilogramm Motorrad überzeugend abbremsen? Erstaunlicherweise funktioniert die Single-Scheibe äußerst effizient, und in Verbindung mit der gut dosierbaren Trommel im Hinterrad sind auch mit Sozius akzeptable Verzögerungen möglich. Mehr noch überzeugen kann der Kardanantrieb. Hier gibt's kein übertriebenes Auf und Ab beim Lastwechsel – da stehen so einige Kardanmaschinen wesentlich schlechter da. Der Vorteil des geringeren Pflegeaufwands gegenüber einem Kettenantrieb überwiegt an der XV ganz eindeutig.

Die Sitzposition ist so bequem, daß man ebenso gern wie schnell den Alltag hinter sich läßt und dabei immer neue Asphaltwege sucht. Bereits mit der ´89er Ausgabe ist der Wermutstropfen Winztank Geschichte, so daß sich der XV eine anständige Tourentauglichkeit attestieren läßt. Irgendwie schade aber andererseits: Und mögen auch Zigtausende der XV-Generation in Deutschland rollen, immer wieder entspannt sich an der Zapfsäule ein lockeres Gespräch. Mit der XV macht man sich einfach Freunde.

Man verliert sie jedoch schnell wieder, wenn man ihnen über längere Strecken den hinteren Sitzplatz anbietet. Etwas mehr Polsterfläche könnte hier partnerschaftssichernd wirken. Oder eine zweite Virago...

Der Luxuscruiser: Virago SP

Der Erfolg der XV 535 übertraf selbst die kühnsten Hoffnungen der Marketingexperten. Als Dank an die besonders in Deutschland enorm große Anhängerschaft – jahrelang ist die XV bestverkauftes Motorrad überhaupt – erscheint 1993 das Sondermodell XV 535 SP. Motortechnik und Fahrwerk sind mit der XV 535 identisch, doch dann beginnen die kleinen, feinen Unterschiede. Wohin das Auge auch blickt: Chrom, Chrom, Chrom, und Liebe zum Detail.

Die beginnt bei der Zweifarblackierung: Schutzbleche vorn wie hinten sind in Grundfarbe lackiert, im Stil der 20er Jahre ist in der Mitte ein dezent-breiter Streifen abgesetzt. Das gleiche gilt für den Tropfentank. Dessen Flanken erstrahlen in der Grundfarbe, über den oberen Teil zieht sich in der Mitte nach klassischem Vorbild die zweite abgesetzte Farbe. Gewählt werden kann zwischen fünf verschiedenen Farbkombinationen.

Zum echten Eyecatcher ist der Motor aufgewertet worden. Verchromte Ventildeckel krönen die beiden Zylinder, und auch die Seitendeckel des Motorgehäuses mit der spiegelnden Galvanikschicht veredelt. Blinkende Spiegelflächen gibt´s auch direkt unter dem Tank. Die beiden Gleichdruckvergaser und die seitlich des Tanks montierten „Lufthutzen" – beide im Chromdress – blasen den Motor optisch zum „Big Block" auf.

An der flachen Gabel mit dem 19-Zoll-Rad findet sich an der SP – bis auf die Gabelsimmerringe – gar kein schwarzes Material mehr, alles ist entweder verchromt oder aus hochglanzpoliertem Aluminium. Überall blitzt und funkelt es im Sonnenlicht. Selbst die Hupe hinter der unteren Gabelbrücke hat es voll erwischt.

Eine Aufwertung erfuhr auch die Sitzbank: Nach amerikanischem Vorbild gibt´s für Fahrer und Beifahrer getrennte Sitzkissen, jeweils mit großen Knöpfen abgesteppt. Und auch die Perspektive von der Sitzfläche aus ist nicht von schlechten Eltern: Überall im Cockpit funkelt es, von den verchromten Gabelschraubstopfen bis hin zu den Inbus-Schrauben der Lenkerklemmen.

Die halten nun nicht mehr die Auswahl der Lenkervarianten wie die Standardversion: Die SP kommt ausschließlich mit Hirschgeweih-Lenker. Wer lieber einen flachen Lenker hat, muß sich auf dem Zubehörmarkt umsehen oder einen flachen Serienlenker beim Yamaha-Händler nachrüsten.

Hat der schon mit der Virago wenig zu tun, so macht die S-Version eine andere Zunft in jedem Fall brotlos. Die der Galvaniseure. Bis hin zum Kardan spiegelt das Bike hochglanzmäßig, als sei es frisch vom Winnerpodest einer Custom-Show geholt. Dabei ist die XV das genaue Gegenteil: Ein Massenmotorrad von der Stange. Aber selten gab es das in einer so detailbesessen aufgepeppten Version.

1985

VIRAGO
XV1000

1988
VIRAGO
XV1100

Bereits seit 1982 krönt die große Chopperlady XV 1000 SE das Yamaha-Custom-Programm. Im Dreijahres-Rhythmus erhielt sie von Yamaha eine liebevolle Modellpflege: 1985 wurde sie zur XV 1000 Virago, auf der IFMA 1988 lief das Hubraum-maß endgültig über. Seither ist sie endgültig King Size: Die Virago 1100. Einen reiferen Chopper-Jahrgang kann es kaum geben.

MOTOR

Mit ihm fing alles an: Zum ersten Mal schlug der fahrtwindgekühlte sohc-V-Twin, in der 1980 vorgestellten TR 1. Von dort aus begann er seinen Siegeszug, der nicht nur zu einer ganzen Reihe kleinerer Klone, sondern sogar auf die Rennstrecken führte. Dort zeigte der Virago-V, was in ihm steckt und heimste in der Battle of Twins soviele Siege ein, daß es zum Gewinn der BoT-DM reichte.

Seine Chopperlaufbahn begann der V-Twin aber erst 1982: In dem Sondermodell XV 1000 SE „Midnight Special". Seine Ketten hatte er zuvor schon abgeschüttelt – seit der XV 750 gehört der wartungsarme Kardantrieb zum XV-Konzept wie der Jethelm zum Cruiser. Drei Jahre später, zusammen mit einer gründlichen Modellrenovierung, ändert sich der

Hansdampf in allen Lagen: Der große V 2, Import aus der TR 1.

Name in „XV 1000 Virago". Verbesserter Abgaswerte und der Ruf nach mehr Durchzug veranlaßte Yamaha 1988, aus der XV 1000 SE eine XV 1100 SE zu machen.

Die Yamaha-Ingenieure erhöhten den Hub der Kurbelwelle von 69,2 auf 75 mm. Fazit: eine spürbare Steigerung des Drehmoments. In Verbindung mit der unveränderten Bohrung stampft der luftgekühlte 75°-V jetzt mit 1063 ccm auf die 2-fach kugelgelagerte Kurbelwelle. Das Ergebnis gleich vorweg – die Ingenieure haben ihr gestecktes Ziel klar erreicht: die Leistung von 62 PS wird bei 500 U/min weniger abgeliefert, das maximale Drehmoment liegt mit 87 Nm bereits bei 3000/min, also um 2000/min eher an.

Nicht mehr, sondern weniger gibt´s in Sachen Emissionen zu vermelden: das geht nicht nur auf das Konto der optimierten Verbrennung, sondern auch auf das der neuen Vergaser: Auf den XV-1100-Ansaugstutzen sitzen 40er Mikuni-Vergaser, die die alten Hitachi-Modelle ablösen. Vom Gewicht her sind die Mikunis fast 150 Gramm pro Stück leichter als ihre Vorgänger. Die neuen Vergaser arbeiten nach dem Gleichdruckprinzip, wobei mittels einer langsam öffnenden Drosselklappe verhindert wird, daß sich der V-2 beim plötzlichen Gasaufreißen verschluckt. Die benötigte Ansaugluft beziehen die Mikunis aus einem sechs Liter

großen Gehäuse, das auf der rechten Seite zwischen den Zylindern elegant an die Außenwelt tritt und einem irgendwie bekannt vorkommt.

Unzweifelhafte Solidität ist eher die Stärke des 75°-Zweizylinders als High-Tech um jeden Preis – eine klare Präferenzliste für einen Cruiser. Wer mit ihm reist, möchte Streß und Hektik des Alltags entfliehen, und dann darf am Quell der Leistung ruhig etwas Muße walten. Vierventilköpfe, Titanpleuel und sonstige Gimmicks sind dem großen Zweizylinder deshalb völlig fremd. Dank seines reichlichen Hubraums hat er trotzdem jederzeit genug Luft, um kräftig in die Segel zu blasen.

Das Ventilspiel des sohc-Motors (single overhead camshaft – eine obenliegende Nockenwelle) wird mit einfachen, aber servicefreundlichen Kipphebeln justiert. Mit etwas Geschick läßt sich das sogar in der Garage erledigen. Noch einfacher macht´s einem die Zündanlage. Der auf 8,3:1 verdichtete Zweiventiler zündet digital und wartungsfrei.

Fast so wichtig wie Hubraum und Drehmoment zählt an einem Chopper die Optik – und auch hier hat der Big Twin echte Qualitäten zu bieten. Durch seine sehr schlanke Bauform hebt er sich in Front- und Heckansicht kaum von der Silhouette der XV 1100 ab. Anders dagegen im Profil – hier zieht er mit seinen Chromteilen

Vorteil des Rahmenprinzips: Motorunterzüge überflüssig.

und dem bulligen Look klar die Blicke auf sich. Die wuchtigen, feinverrippten Zylinder und ihr V-Symbol passen nahtlos in die Easy-Rider-Mythologie amerikanischer Freeways. In den verchromten Seitendeckeln des Alu-Motorgehäuses huscht die Umwelt wie in einem Spiegelkabinett vorbei.

Unterhalb des Tanks sorgen die ovalen Luftfiltergehäuse für ein weiteres optisches Blow-up des Big Twins. Denn nur im rechten Gehäuse wird die Luft gefiltert, die linke Hälfte dient der Wahrung des Symetriegedankens – sie ist schlicht leer. Chromglanz auch bei der Abgasentsorgung. Die beiden Krümmer enden rechts in zwei kurzen, aber um so oberarmdickeren Schalldämpfern.

Der saubere Hinterradantrieb per Kardanwelle ist quasi wartungsfrei und bedarf nur im Rahmen der In-

spektion einer Öl-kontrolle. Die Leistung überträgt der Twin per seilzugbetätigter Ölbadkupplung und Fünfgang-Getriebe. Im Vergleich zur XV 1000 ist der erste Gang etwas länger. Da der Twin mehr Dampf unten´rum hat, zieht dies keine Einbußen beim Anfahren an der Ampel und im Stadtverkehr nach sich. Stirbt der Motor in der Ampelhektik trotzdem mal ab, klinkt sich der E-Starter ins Getriebe. Nach einem kurzen Knopfdruck gehts weiter – es lebe der Fortschritt...

FAHRWERK

Was das Fahrwerk angeht, ist XV 1100 gleich XV 1000. Das hat schon, was es für einen Cruiser braucht: tiefe Sitzbank, kurze Federwege hinten und eine lange, flache Gabel für ein filigranes Vorderrad.

Was auf den ersten Blick wie unspektakuläre Massenware wirkt, hat es jedoch in sich: Ein Preßstahlrahmen liefert im Lenkkopfbereich die nötige Steifigkeit, um die hohen Biegekräfte der flachen Gabel aufzu-

nehmen. Unter der Sitzbank versteckt: das angeschraubte Rahmenheck. Die intelligente Kombination bringt nicht nur Stabilität, sondern läßt sich im Schadensfall auch kostengünstig instandsetzen.

Was angesichts des Materialverbundes noch an Steifigkeit fehlt, besorgt der Motor. Der ist als tragendes Bauteil ins Fahrgestell geschraubt. Das geschieht ganz unspektakulär, ohne Hilfskonstrukte wie Motorunterzüge. Gut so, die stören schon mal nicht beim Bestaunen des soliden Big Blocks.

Der wirklich große Unterschied zwischen der Ur-Midnight-Special und ihren Virago-Erben liegt jedoch in der Federung der Hinterhand. Folgte der Mitternachtsexpress noch dem Cantilever-Zug mit zentralem Federbein und Umlenkschwinge, so fe-

Den Kardan erbte die große XV von der ersten XV 750.

dern die XV-Generation seit der XV 1000 Virago zwei außenliegende, selbstverständlich chromspiegelnde Stoßdämpfer. Ob dieses klassische Prinzip mit den beiden Stoßdämpfern besser arbeitet, mag dahingestellt sein – in jedem Fall stehen sie der XV erheblich besser.

Die in der Federbasis vierfach einstellbaren Stereo-Dämpfer erlauben ein Anpassen an verschiedene Bela-

Inbegriff des Chopperdesigns: Großes 19 Zoll-Speichenrad vorn, shotgun-Tüten hinten.

dungs- und Fahrbahnzustände. Bis das Hinterrad vollständig eingefedert ist, stehen 97 mm Federweg zur Verfügung, was wohl für mehr ausreicht als nur für lange, gerade Asphaltbänder.

Mehr in Richtung Cruising orientiert sich die Fahrwerksgeometrie an der Vorderhand der Elfhunderter. Mit einem Lenkkopfwinkel von 58 Grad ist die Gabel nun um 2.5 Grad flacher angestellt als an der Tausender. Eine Maßnahme, die im Verein mit dem großen 19-Zoll-Vorderrad die Geradeauslauf-Qualitäten fördern soll, ebenso wie die vier Millimeter weniger Nachlauf die Handlichkeit bei geringen Tempi.

Ein kleines, aber nützliches Technik-Feature bietet die Gabel in Form einer Luftunterstützung. Zusatzluft auf den beiden Gabelholmen paßt die Federcharakteristik einen größeren Last oder härteren Gangart an. Mit 150 mm Federweg ist auch auf zweitklassigen Straßen für zuverlässigen Bodenkontakt gesorgt.

Lediglich die Elfhunderter jüngerer Baujahre rollen auf den Rädern, die der Cruiser-Welt gehören: Speichenräder gibt's erst mit dem Modelljahrgang 1994. Zuvor griff Yamaha auf Gußräder zurück – identisch im Falle der 1000 und 1100, mit geraden Speichen im Gegensatz zu der Spiraloptik der Midnight Special. Unabhäbig von allen Designspiel-

chen ist die Dimensionierung, wie es sich gehört: vorne als 2.15 Zoll schmale 19 Zoll-Version, hinten als 15-Zöller mit 3.00 Zoll Breite. Die Bereifung fällt der Vorgabe entsprechend aus. Das Vorderrad ziert ein schmaler 100/90, am Hinterrad schindet ein fetter 140/90 Eindruck. Daß er nicht noch breiter ausgefallen ist, hat einen praktischen Grund: Überbreiten sind der Leichtigkeit des Handlings alles andere alles dienlich.

Für Bremszwecke ist die größte Virago mit dem vollen Bremsen-Outfit augestattet: Doppelscheibe mit je 267 mm Durchmesser und Einkolbensätteln vorn, Unterstützung gewährt die 200 mm große Bremstrommel im Hinterrad. Und bei all dem ist ja auch die Bremswirkung eines starken Big-Twins nicht zu vernachlässigen.

EQUIPMENT

Virago-Fahrern sitzt die Zeit nicht im Nacken. Wenn sie sich in den Sattel ihres Choppers schwingen, möchten sie vielmehr ruhig und gelassen, vielleicht mit kleinen eingestreuten Umwegen, von A nach B gelangen. Genau für diese Art der Fortbewegung ist die XV maßgeschneidert. Den ausgestreckten Armen reckt sich der breite Lenker entgegen, der sich im Vergleich zum Vorgängermodell noch stärker am amerikanischen

Freeway-Stil orientiert: Die Griffe liegen fast drei Zentimeter höher und weiter vorn. Um fünf Zentimeter nach vorn gerutscht sind die vorverlegten Fahrer-Fußrasten. Das macht die Sitzposition etwas gestreckter und langstreckenfreundlicher.

Einladend auch die neugestaltete Sitzfläche. An seiner breitesten Stelle hat das Sitzpolster um zwei Fingerbreiten zugelegt und erinnert an ein Wohnzimmermöbel. Für den Beifahrer liegt hinter dem Fahrerplatz ein separates Sitzbrötchen bereit, das zwar klein in seinen Abmessungen, aber groß in seiner Polsterung ist. Mehr Freude hätte die Soziusbesatzung wohl mit der Sissybar der US-XV, doch die fand beim TÜV keine Zustimmung fand und wurde für den deutschen Markt auf die Größe eines Haltegriffs geschrumpft. Zwischen Sitzbrötchen und Haltegriff läßt sich das Bordwerkzeug in einer abschließbaren Box verstauen.

Klassisch bis nostalgisch angehaucht zeigt sich das Cockpit. Zwei Rundinstrumente – weiße Zifferblätter in chromblinkenden Töpfen – zeigen gut erkennbar die Infos für Speed und Drehzahl an. Eine schlanke Konsole aus poliertem Aluminium nimmt die Kontrolleuchten und das zentrale Zündschloß auf. Obere Gabelbrücke, Gabelstopfen und Lenkerhalter erstrahlen ebenfalls in blankem Metall. Am Bug setzt ein verchromter Rundscheinwerfer mit H-4

Licht das i-Tüpfelchen, darunter blinkt das Hörnerpaar der Hupe.

Unterhalb der Skala des Drehzahlmessers informiert eine kleine Kontrolleuchte über den aktuellen Kraftstoffstand. Bleibt im 17 Liter-Tank nur noch ein Spritminimum, fordert die Lampe dezent zum Umschalten auf Reserve. Der Griff zum Benzinhahn erübrigt sich – ein Druck auf den Schalter am rechten Lenkerende, und schon kann die Fahrt mit den drei Litern Extrasprit fortgesetzt werden, die die elektrische Benzinpumpe zu den 40er Vergasern fördert. Der markante Tropfentank prägt die Chopper-Silhouette der XV 1100 Virago nachhaltig, die Anleihen an den Langgabel-Umbauten der ersten Chopperstunden sind unverkennbar. Von der oberen Gabelbrücke fällt der kantenfreie Tank steil bis zur tiefen Sitzmulde ab. Dabei verjüngt er sich, so daß die XV stolz sein kann auf ihre für eine 1100er ziemlich ranke Taille.

Hinter der Sitzfläche des Fahrers dann eine markante Stufe, die den Beifahrer nach Easy Rider-Art bequem über den Fahrer hinweg sehen läßt. Kleinere Gepäckstücke finden auf einem dezenten Gepäckträger hinter dem Haltebügel Platz. Den Abschluß bildet der massive Rücklicht- und Kennzeichenträger aus verchromtem Stahl.

Auch unterhalb des lackierten hinteren Schutzblechs wieder Chrom, so-

Stereostoßdämpfer trug schon die XV 1000 Virago, die Sissy Bar jedoch nur die amerikanische Version.

weit das Auge reicht. Stoßdämpfer, Bremsankerplatte und Bremsabstützung sind ebenso von der glänzenden Schicht überzogen wie die breite Hinterradfelge und die danebenliegenden Schalldämpferrohre. Eine blitzende Augenweide. Bei allem Prunk kommt bei der Virago 1100 aber auch die praktische Seite nicht zu kurz. Ein in der Szene rares Bauteil ist der Hauptständer; elastisch aufgehängte Blinker und eine Gummimanschette am Hebel, um das Kupplungsseil vor Schmutz zu schützen, sind nützliche Kleinigkeiten, die nicht überall die Hürde der Rotstiftsparer überwinden.

Von der XV 1000 zur XV 1100

ON THE ROAD

Die XV mag zu den Hubraumriesen der Cruisergilde gehören. Doch sie ist nicht nur etwas für Sitzriesen. Mit

1982: Vorstellung der XV 1000 „Midnight Special" als erstem Yamaha-Einliter-Chopper.
1986: XV 1000 (Foto: Modell ´87) , Design und Fahrwerk überarbeitet, Stereofederbeine.
1989: XV 1100 mit mehr Hub und Gleichdruckvergasern
1991: Neue digitale Zündanlage
1994: Speichenräder
1996: Drosselklappensensor TPS, voluminösere Schalldämpfer und gekapselte Stoßdämpfer

kaum 73 Zentimtern Sitzhöhe läßt sie die allermeisten in ihren Sattel, und die Wespentaille tut ihr übriges, daß auch in kritischen Fällen ihr Rider sein Bein an den Boden kriegt: Durch den schmalen V-Motor können die Knie dicht an der Maschine bleiben. So hat man wie frau einen direkten, sicheren Kontakt zum Motorrad.

Nur wenige Male muß der E-Starter die Kurbelwelle im Kreis wuchten, dann zündet das Gemisch, der Twin

nimmt mit sattem Sound seinen Viertakt auf. Die knackig kurzen Endrohre erweisen sich dabei als wirksame Schallschlucker, die gedämpften Twinsound an die Umwelt entlassen.

Mit Hilfe der leichtgängigen Kupplung rastet der erste Gang mit leisem Klacken ein. Was jetzt folgt, ist die absolute Drehmoment-Show. Praktisch aus Standgasdrehzahl heraus, läßt sich die Geschwindigkeit allein über den Gasgriff regulieren. Mit selbstverständlicher Ruhe schiebt der V-2 soviel Drehmoment an die Kardanwelle, daß die gesamte Drehzahlskala ab weniger als 2000/min genutzt werden kann. Auch der Massenausgleich des Big Bangers ist über alle Zweifel erhaben. Er schüttelt kein bißchen mehr als eben nötig, und nur geringe Vibrationen in den oberen Drehzahlregionen künden von der Arbeit der beiden dicken Kolben unter dem Tank.

Im Handumdrehen ist selbst bei Stadttempo schnell der letzte der fünf Gänge eingelegt. Die Gänge rasten dabei ohne Murren ein. So kann man sich ganz aufs Fahren konzentrieren. Das Tempo wird ab jetzt nur noch per Gashand reguliert.

Geht es auf ausgebautere Straßen, überzeugt auch hier der große Twin. Kleiner Seitenblick in Richtung Harley gefällig? Von 60 auf 140 km/h im letzten Gang braucht eine 1200er Sportster 17,1 Sekunden – die XV ist mit dieser Übung schon nach 11,7 Sekunden fertig. Noch Fragen?

Ganz gleich, welcher Gang, ganz gleich, welche Drehzahl – ohne Verschlucker saugen die großen Kolben ihr Gemisch aus den Gleichdruck-Vergasern. Die alte Weisheit trifft hier den Nagel auf den Kopf. Hubraum ist eben durch nichts zu ersetzen – außer durch mehr Hubraum. Aber den hat die 1000er ja schon in Form der 1100 bekommen...

So macht es riesigen Spaß, auf der Drehmomentwelle dieses Motors übers Landstraßennetz zu surfen. Und dessen Pfade dürfen auch ruhig kurvig verlaufen. Trotz des stabilisierenden 19 Zoll-Vorderrads und der flachen Gabel verlangt die XV nur wenig Kraft, um sich zu Richtungswechseln animieren zu lassen. Geringe Gewichtsverlagerungen reichen aus, um angepeilte Radien zu durchfahren. Unter den großen Choppern darf sich die XV sogar zu den Kurvenfegern zählen.

Während der V-2 genüßlich vor sich hinbrabbelt, sitzt es sich erwartungsgemäß bequem im dicken Sattel. Die aufrechte Sitzposition unterliegt aber eigenen Gesetzen, und die schreibt vor allem der Fahrtwind. Bei Landstraßentempo fächelt er erwünschte Erfrischung, aber ab Tempo 140 wird er unbändig. Da muß sich der Reiter gut an sein Roß

klammern, damit er von den antosenden Luftmassen nicht fortgerissen wird. Die Spitze von 171 km/h verkommt damit zum theoretischen Wert.

Eine erlaubte Zuladung von 235 kg prädestiniert die XV 1100 zur Tourenmaschine. Selbst bei voller Beladung bleibt das Fahrwerk ausreichend stabil. Schnelle Kurvenfahrten melden dann aber eine zu geringe Druckstufendämpfung der hinteren Federbeine, doch der leichte Schaukeleffekt bleibt im Rahmen.

Das gilt auch für die Bremsleistung. Die vordere Doppelscheibe hat keine Mühe, das vollbeladen 480 kg schwere Gefährt sicher zum Stehen zu bringen. Positiv fällt auch der Kardan auf. Kettenpflege entfällt, und die Lastwechselreaktionen sind nur ein bißchen arttypisch.

Die hubraumgrößte aller Viragos ist nicht der hubraumgrößte Cruiser unter der Sonne, und im Grunde genommen hat sie sich vom Easy-Rider-Gedanken auch weiter entfernt als andere. Schuld daran sind die vielen vernunftbetonten Aspekte, die beim Hauptständer beginnen und beim Kardan längst nicht aufhören. Aber auch wenn sie vielleicht weniger Chopper ist, so ist sie auf jeden Fall mehr Motorrad.

1981

VIRAGO
XV 750

Sie ist das Virago-Urgestein: Zwar firmierte die XV 750 S.E. (ganz links) bei ihrer Vorstellung im Jahre 1980 noch nicht unter diesem Namen. Aber sie darf für sich in Anspruch nehmen, den Weg für die kommenden Generationen von Yamaha-Choppern gebahnt zu haben. Danach löste die XV 1000 sie ab. Doch 1991 begann sie ihr zweites Leben in nur leicht aufpolierter Version.

MOTOR

Im Grunde ist alles vorhanden, als Yamaha den Schwenk zum V-Chopper vollzieht. Das ist das Jahr 1981. Bisher zeigt nur Harley-Davidson in seiner Modellreihe das Victory-Zeichen in einem Chopper her – ohne freilich seinen wirklichen Siegeszug bereits angetreten zu haben. Ein V-Motor? Wenn das alles ist: Yamaha hat einen, einen ziemlich prächtigen sogar. Er steckt in der TR 1, die so prächtig war, daß sie ihr heute noch in IG´s und Clubs hinterherweinen.

Und wenn man schon einen V-Motor hat, denkt man sich bei Yamaha, strickt man am besten gleich einen Chopper drumherum. Das ist die XV 750 Special. Basis ist ein fahrtwindgekühlter Zweizylinder. Der Zylinderwinkel von 75 Grad

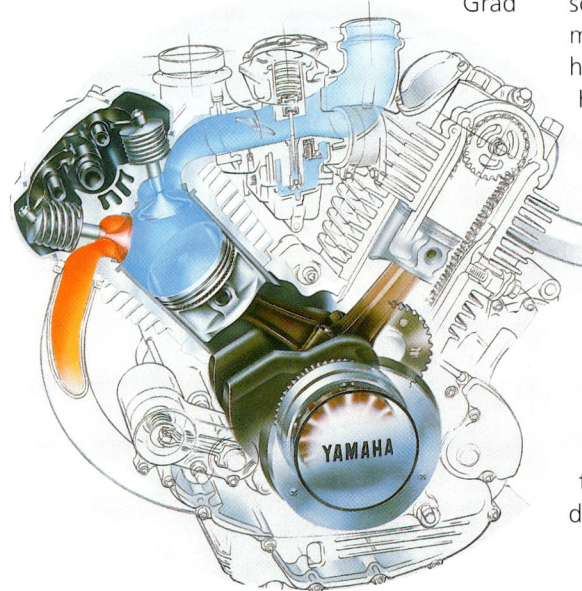

ist TR 1 und XV 750 gemeinsam, ebenso die zweifach rollengelagerte Kurbelwelle mit dem auffallend geringen Hub von 69,2 mm Hub. Doch die Dreiviertelliter-Version, sozusagen die small block-Ausführung, ergibt sich durch heruntergebüchste Zylinder und jetzt 83 mm (statt 95 mm) dicke Kolben.

Damit darf die XV 750 sich eindeutig zu den Nonkonformisten zählen. Denn ihr V-Twin sortiert sich so als klarer Kurzhuber ein, während alle Welt in einem Chopper einen Langhuber erwartet, der einen passenderen Drehomentverlauf erwarten läßt.

Optisch hingegen unterscheiden sich die beiden Triebwerke so gut wie gar nicht: Ein bißchen blinkt und glänzt der metallfarbene Special-Motor mehr, während der der TR 1 sich schwarz zurückhält. Der Treibsatz macht in jedem Fall ordentlich was her, die Zylinder mit ihren feinen Kühlrippen fallen sofort ins Auge. Mit den darüber thronenden großen Zylinderköpfen agieren sie als eye-catcher. Ansonsten sind die beiden Triebwerke technisch gleich. Der 750er Motor ist dem Einliter-Triebwerk wie aus der Hüfte geschnitten – Garantie für ein langes Motorleben.

Und das kann man der XV 750 tatsächlich nachsagen: Denn, nachdem sie 1984 zugunsten der 1000er

wieder in der Versenkung verschwindet, taucht sie 1991 wieder daraus auf. Viele technische Retuschen braucht´s dabei gar nicht. Während die Urversion von der TR 1 die 36er Hitachi-Vergaser von den Ansaugstutzen heruntergeerbt hat, erhält die ´91er die Mikuni-Vergaser der Einliter-Version. Sie bieten einen auf 40 mm erhöhten Querschnitt, der für eine widerstandsärmere Beatmung der Brennräume sorgt. Das Gleichdruckprinzip tut überdies der Drehmomententfaltung gut.

Die Ansaugluft ziehen die Vergaser aus einem Trockenluftfilter. Bedingt durch die Vergaseranordnung zwischen den V-Zylindern, liegt das Filtergehäuse teils unter dem Tank, teils in der rechten Box neben dem Benzinbehälter. Nachdem die Ansaugluft die Vergaser passiert hat, geht´s durch den Zylinderkopf, der so aufgeräumt und übersichtlich konstruiert ist, daß allfällige Wartungsarbeiten zum Vergnügen werden, wenn man denn ein Händchen dafür hat.

Je zwei Ventile pro Brennraum steuern den Gaswechsel der beiden Zylinder. Eine obenliegende Nockenwelle, angetrieben durch eine Rollenkette, drückt via Kipphebel auf die Ventilschäfte jedes Zylinders. Mit den Einstellschrauben an den Kipphebeln lassen sich in jeder Garage mit der Fühlerlehre und Bordwerkzeug die nötigen Wartungsarbeiten erledigen.

Zeitlose Custom-Klassik: Die XV 750 trägt jetzt den 1100er-Look.

Locker von der Kurbelwelle schüttelt sich der Twin die in den Papieren angegebenen 55 PS. Dabei tut er genau das, was seine kurzhubigen Anlagen vermuten lassen: Er dreht freudig hoch, bis zu 7000/min. Entscheidender für die Durchzugskraft ist aber das früh anstehende Drehmoment, und genau hier überrascht der Twin: Bei nur 3500/min erreicht er bereits sein Maximum von 58 Nm. Durch eine gelungene Abstimmung der Ansaugwege und Steuerzeiten ist es den Yamaha-Ingenieuren gelungen, ein drehmomentstarkes Triebwerk auf die Beine zu stellen.

Für die Weitergabe der Leistung greifen die Zahnräder eines Fünfgang-getriebes ineinander. Dies haben XV und TR 1 gemein, doch zum Hinterrad gelangt die Kraft bei den Chopper-Modellen per Kardan. Kardangehäuse und seine Umlenkung stehen der XV wie angeboren und beeinträchtigen die Optik nicht: Die im linken Schwingenarm gekapselte Welle ist nur minimal dicker als eine gewohnte Standardschwinge.

FAHRWERK

Der Rahmen hat denselben Spender wie der Motor. Die Zuordnung ist kein Kunststück, denn die TR 1 ist mit ihrer hier erstmals in neuzeitlicher Großserie gefertigten Kombination von Preßstahl- und Rohrrahmen unverwechselbar. Via XV 1000 und XV 1100 kommt der Rahmen nun wieder in das Choppermodell, in das er 1981 erstmals verbaut wurde: Die XV 750 SE, anno 1991 XV 750 Virago, Typ 4 FY gerufen. Die Tatsache, daß er auch den Elfhunderter-Motor klaglos verkraftet, spricht Bände: Dem Fahrwerk kann man trauen.

Das liegt an seiner kombinierten Bauweise, die das Beste aus zwei Welten vereint und darüber hinaus den Motor als tragendes Bauteil miteinbezieht: Beide Zylinderköpfe sind unterhalb des Lenkkopfs und im Bereich Tank/Sitzbankanschluß mehrfach mit dem Rahmen verschraubt.

Über den Umweg der XV 1100 gelangt auch die Federung über zwei außenliegende Federbeine in die wiedergeborene XV 750. In ihrer ersten Version verfügt sie noch über die Cantilever-Schwinge der TR 1 mit zentralen Federbein. Das tat seinen Dienst ganz ordentlich, auch wenn die Optik nicht so recht mit den landläufigen Vorstellungen eines Choppers harmonierte. Mit der '91er XV ist der Look wieder im Lot, dazu bieten die Stereo-Federbeine den Vorzug der besseren Zugänglichkeit zum Ausloten der fünffachen Einstellmöglichkeit der Federbasis.

Die klassischen Federbeine können mit 97 mm so einigen Schlaglöchern

Paroli bieten. Zusätzliche Federeigenschaften hat der dicke Hinterradreifen. Die hintere Felge, drei Zoll breit und mit 15 Zoll Durchmesser, nimmt einen 140/90 Reifen auf. Aufgrund seiner Höhe bietet der Reifen eine zusätzliche Dämpferreserve.

Debütiert hatte die XV 750 mit den Gußfelgen im Spiralspeichen-Design der XJ-Serie, 1994 erhält sie zusammen mit der XV 1100 Speichenräder. Das Interessante daran: Auf diesen Felgen können auch Schlauchlos-Reifen montiert werden. Denn die Speichen sind nicht wie üblich durch Bohrungen in der Innenseite des Felgenbetts geführt. Vielmehr ist ein Steg auf die Innenseite aufgeschweißt, durch dessen Bohrungen

Hat die Zeiten gut überlebt: Wesentliche Motoränderung an der neuen XV 750 sind die Mikuni-Vergaser. Das war´s...

die Speichenköpfe gesteckt sind. Die Speichennippel zum Spannen und Zentrieren finden sich an der Nabe.

Charakteristisch für die große Virago-Baureihe ist auch die extra lange Telegabel – möglich durch den weit oben liegenden Steuerkopf. Obere und untere Gabelbrücke sowie der Stabilisator über dem vorderen Schutzblech sind aus poliertem, mit Klarlack geschütztem Aluminium. Eine klare Lackschicht konserviert auch den Glanz der polierten Alu-Tauchrohre. So gibt´s an der Gabel, bis auf die kleinen Gummi-Simmerringe, kein Teil, daß nicht metallisch glänzt. So stilvoll können 150 mm Federweg verpackt sein.

Am Vorderrad warten zwei alufarbene Zweikolbenzangen auf das Kommando zum Zubeißen. Die unregelmäßig gelochten Scheiben im 282 mm-Format sollen auch bei Nässe sofortiges Ansprechen garantieren.

EQUIPMENT

Daß sie geprägt ist vom Klischee der Langgabelmonster aus Easy Rider, kann und mag die XV 750 auch gar nicht verleugnen. Die Requisiten sind da, von der langen Gabel über den klei-

nen Tank bis zur Stufensitzbank. Die Langgabeloptik verdankt die XV einem Trick. Der kleine Scheinwerfer ist um einiges höher gelegt, so daß das Standrohr besonders langbeinig daherkommt. Zur Krönung wird mit verchromten Accessoires nicht gegeizt.

Tacho und Drehzahlmesser sitzen in zwei verchromten Metalltöpfen und geben ihre Infos auf weißen Zifferblättern preis. Darunter liegt eine schmale Konsole aus poliertem Alu, um die Kontrolleuchten des Cockpits aufzunehmen. Als Abschluß sorgen unter dem Cockpit der verchromte Lenker mit seinen glänzenden Klemmfäusten und die polierte obere Gabelbrücke aus Aluminium für den Heavy-Metal-Look.

Muß ein Benzinbehälter immer kantig und klobig sein? Die XV beweist, daß es auch anders geht. War der Tank der ´81er XV noch ein recht biederes Tourenmodell, erfreut der 14,5 Liter fassende Tropfentank der aktuellen Version durch runde Formen. Im Bereich der Gabelbrücke noch breit und hoch, fließt er zur Sitzbank hin schmal und flach zu. Das garantiert einen guten Knieschluß und unterstreicht optisch die schlanke Wespentaille der 750er. Ein verchromter Tankverschluß rundet das zweifarbig lackierte Kunststück ab.

Unter dem Tank prangen zu beiden Seiten zwischen den Zylindern rund-

Sieht aus wie Easy Riding, hat aber auch sportliche Anlagen: XV 750, die zweite.

liche Chromboxen, von denen die rechte für die Versorgung mit frischer Ansaugluft zuständig ist. Das linke Gehäuse läßt keine Ansaugluft passieren. Hier ist ein Teil der Elektrik untergebracht, die in dem kleinen Scheinwerfer keinen Platz findet.

Bereits der Anblick der Stufensitzbank läßt üppigen Komfort erahnen. Die zweigeteilte Sitzfläche ist im Bereich des Fahrers von echtem Sofa-Format. Ein knautschig weicher Bezug mit abgesteppten Nähten verheißt Langstreckenkomfort, für den Sozius steht über dem breiten hinteren Schutzblech ein separates Sitzkissen bereit. Die kurze Sissybar und die ergonomische Stufenform der Bank versprechen auch auf dem hinteren Platz eine angenehme Reise.

Waren an der XV von 1981 noch verchromte Schutzbleche zu finden, bietet die XV zehn Jahre später zweifarbig lackierte Exemplare. Das hintere Blech erinnert in seiner Form mit einem Hauch an einen Schwalbenschwanz, das vordere hingegen ist so knapp bemessen, daß als Vergleich eigentlich nur ein Bikini bleibt. Die Farbgebung der Schutzbleche orientiert sich in Ton und Stil an der Tanklackierung. Der Farbton „crème" wird von der Grundfarbe eingerahmt.

ON THE ROAD

Technisch sind sie sich sehr ähnlich, XV 750 und XV 1100. Optisch sind sie schon eineiige Zwillinge. Und um so größer ist die Überraschung, die der Fahreindruck im Vergleich hinterläßt. Durch die Spritzigkeit des kleineren V-Twins ergibt sich ein komplett anderes Fahrerlebnis.

Bei der ersten Kontaktaufnahme fällt gleich die sehr niedrige Sitzposition auf: 70 Zentimeter, das ist ein Wort – oder vielmehr eine Einladung, die unterstrichen wird von der komfortverheißenden Polsterung: Die Sitzfläche lädt zum längeren Verweilen ein. Hände und Arme reichen locker an den hohen Buckhorn-Lenker. Er ermöglicht die choppertypische Sitzposition – aufrecht, mit leicht angewinkelten Armen. Eine bequeme Ablage finden auch die Stiefel auf den vorverlegten Rasten.

Let´s go! Auf kurzen Knopfdruck nimmt der Kurzhuber per E-Start spontan seine Arbeit auf. Der Motor läuft sofort rund. Bereits nach wenigen hundert Metern Fahrt kann der Choke in seine Ruhestellung geschoben werden.

Schon jetzt fällt auf, daß die XV 750 ihren eigenen Charakter besitzt. Der geht auf das Konto des kurzhubigen Twins, der in den leicht ´reinflutschenden Gängen spielerisch hochdreht. Obwohl die „kleinere" XV nur vier Kilo leichter ist als die „große", läßt der spritzigere Motor den Unterschied subjektiv größer ausfallen. Aber auch drehmomentseitig hat der Motor `was drauf: Für den Sprint im letzten Gang vergehen von 60 auf 100 km/h gerade acht Sekunden.

Der Geradeauslauf ist bis zur Höchstgeschwindigkeit von ca. 170 km/h durch den langen Radstand untadelig. Doch die Stabilität geht nicht zu Lasten der Handlichkeit: Ein geübter XV-Treiber hält auch auf kurvenreichen Straßen gut mit.

Ein Sportler ist die XV dabei aber nicht geworden. Doch in der Liga der Custom-Bikes gibt es wohl kaum einen Konkurrenten, der sich sportlicher anfühlt.

1989

VIRAGO

XV 250

Ein Jahr nach Vorstellung der XV 535 folgt bereits ihr kleiner Klon: Die XV 250. Auch sie folgt treu dem V-2-Gesetz, jedoch mit 60-Grad Zylinder-V. Und, ganz was Neues: Die stattlichen 22 PS gelangen per Kette anstelle des Kardanantriebes zum Hinterrad. In der 17 PS-Klasse ist sie die zarteste Versuchung, seit es dort Chopper gibt.

FAHRWERK

Damit auch die verkleinerte Ausgabe des Schlagers XV 535 ein choppertypisches Fahrgefühl bieten kann, hat sie die entsprechenden Stilelemente mit auf den Weg bekommen: Vor allem ein langer Radstand, aber auch eine flache Gabel und die tiefe Sitzbank ermöglichen das gewünschte Chopper-Feeling.

Schlicht die XV 535 mit einem kleineren Motor zu versehen – das war den Yamaha-Ingenieuren zuwenig: So eine XV wäre gemessen an ihrer Motorleistung zu schwer und damit schwerfällig geraten. Also strebten

Die Abmessungen mögen kleiner sein, doch die Proportionen hat die XV 250 von der 535 geerbt.

sie rundum verkleinerte Abmessungen an. Allerdings behielten sie das Konstruktionsprinzip in den wesentlichen Zügen bei: Die Kombination eines Doppelschleifenrahmens aus Stahlrohr mit Preßstahlelementen, bewährt in der kompletten Virago-Baureihe.

Für das Rahmenelement von der Tankmitte bis zum Heck griff man auf konventionelles Stahlrohr zurück. Das hintere Rahmenteil ist bananenförmig nach unten durchgebogen, um die flache Sitzhöhe zu realisieren. Im Lenkkopfbereich hingegen ist der Rahmen aus Preßstahl aufgebaut. So bietet er die nötige Verwindungssteifigkeit, die eine durch den Lenkkopfwinkel von 58 Grad recht lang ausgefallene Gabel durch die höheren Hebelkräfte erfordert.

Anders als bei allen anderen Virago-Modellen garantieren die Stahlrohrunterzüge des Doppelschleifenrahmens optimale Verwindungssteifigkeit. Sie teilen sich vor dem vorderen Zylinder und verbinden den Steuer-

kopf mit dem Bereich der Schwingenlagerung.

Die hinteren Stoßdämpfer stützen sich an einer Vierkantschwinge ab. Die chromstrahlenden Federn sind progressiv gewickelt – für leichtes Ansprechen, gegen Durchschlagen. Für den Soziusbetrieb oder die Urlaubstour mit Reisegepäck läßt sich die Federvorspannung fünffach erhöhen.

Die Bereifung fiel lediglich an der Vorderhand einen Tick kleiner aus als an der XV 535: Das 3.00-Vorderrad – Speiche, selbstverständlich – mißt 18 anstelle von 19 Zoll im Durchmesser. Nichts zu schrumpfen gab es hinten: Das knubbelige 15-Zoll-Speichenrad erfreut jeden Chopperfan und trägt einen 130/90-(anstelle von 140/90)-Reifen. Mitten im Speichennetz sitzt eine Trommelbremse, gestängebetätigt und mit 130 mm Durchmesser.

Am Vorderrad stoppt eine geschlitzte Scheibenbremse den Bewegungsdrang des flinken Choppers – in die 267 mm große Scheibe beißt eine Schwimmsattelzange.

Auftretende Bodenunebenheiten beantwortet die lange Gabel mit 140 mm Federweg. Die 33 mm dicken Standrohre (im Vergleich zu 36 bei der XV 535) der Vorderradgabel werden mit den Verwindungskräften der XV leicht fertig.

MOTOR

Keine Frage bei der Wahl der Antriebseinheit: Selbstverständlich hat auch die XV 250 einen V-2, und ähnlich wie beim Fahrwerk übertrugen die Yamaha-Ingenieure sehr wohl das Konstruktionsprinzip, machten sich aber die Mühe einer Neukonstruktion. Hervorstechendstes Merkmal der Neukonstruktion: der Zylinderwinkel von nur 60 Grad gegenüber den 70 Grad der 535 – Kompaktheit ist hier eben Trumpf.

Nach dem Choppergrundsatz „so einfach wie möglich, so kompliziert wie nötig" bauten die Ingenieure den V-Twin auf. Die lebenswichtige Kühlung des Aggregats übernimmt der Fahrtwind. Die feinen Kühlrippen der Zylinder sind dabei nicht nur für angenehme Zylindertemperaturen zuständig, sondern bieten durch ihre besonders großzügige Dimensionierung auch einen optischen Blickfang – Unwissende halten den Motor glatt für einen Fünfhunderter. Das Big-Block-Design kann dem XV-Cruiser nur recht sein.

Nachgerechnet ergeben sich durch die 49 mm große Bohrung und 66 mm Hub pro Zylinder zusammen nur 248 ccm. Vergleicht man Zylinderbohrung und Hub, fällt sofort auf, daß der Hub wesentlich größer ausgefallen ist. Die XV 250 gehört eindeutig zur Liga der Langhuber. Zur Erinnerung: Je langhubiger ein

Motor ist, desto früher erreicht er sein höchstes Drehmoment – und für gemütliches Choppern kann genau dies nicht früh genug erreicht sein.

In den Zylinderköpfen arbeiten je zwei Ventile, die Betätigung übernimmt jeweils eine einzelne Nockenwelle. Einzeln auch der Mikuni-Gleichdruckvergaser zwischen den beiden Zylindern – dessen Verwendung einen Kunstgriff voraussetzte: Die Drehung des hinteren Zylinderkopfes um 180 Grad, so daß die beiden Einlaßseiten sich gegenüberstehen. Für die gewünschte Leistung des Twins ist die Verwendung eines Einzelvergasers völlig ausreichend, zudem erleichtert sie die Gemischeinstellung.

Hier in den Zylinderköpfen sitzen auch die gut erreichbaren Zündkerzen. Eine wartungsfreie Transistor-Zündung regt die Funkenspender zur pünktlichen Aktion an. Nach der Verbrennung entsorgt die XV die heißen Abgase durch eine vollverchromte Auspuffanlage, deren Krümmern

jeweils eine Außenabdeckung zumindest optisch zum nötigen Volumen verhilft. In typisch amerikanischem Stil schmiegen sich die beiden Krümmer um die Zylinder, um in parallel verlaufenden Shotgun-Tüten zu enden – klassischer Chopperstyle. Die beiden knackig kurzen Auspufftüten verlaufen übereinander, wobei der Dämpfer des vorderen Zylinders eine Handlänge vor dem anderen Dämpfer endet. Am Ende sind die Schalldämpfer gerade abgeschnitten.

Hinter den glänzenden Aluminium-Motordeckeln des V-2 arbeitet solide Technik. Ein sinnvoll gestuftes Fünf-

Zum Verwechseln ähnlich: XV 250 und 535. Erst der Winkelmesser bringt Klarheit: Hier 60-, dort 70 Grad-V-2.

Lonesome speedo für lonesome rider:
Cockpit mit Familienähnlichkeit.

ganggetriebe mit Ölbadkupplung hält für den Fahrer stets die richtige Gangstufe parat. Wegen der drehmomentfreudigen Leistungskurve des Motors sind die fünf Gänge völlig ausreichend. Sehr praktisch ist ein Schauglas im rechten Motorseitendeckel – ohne große Fummelei mit irgendwelchen Ölpeilstäben kann hier mit einem Blick der Ölstand exakt kontrolliert werden. Ein Vorbild für manch große, teure Maschine.

In der XV-Reihe spielt die XV 250 eine Sonderrolle: Sie ist das erste Virago-Modell, bei dem auf den aufwendigen Kardanantrieb zugunsten einer schnöden Kette verzichtet wird. Die Gründe dafür sind dennoch gute: So konnten nicht nur der technische Aufwand und damit die Kosten gesenkt worden, sondern auch die Reibungsverluste im Antrieb. Zusätzlich ergibt sich hierdurch ein kleiner Gewichtsvorteil – willkommen für leichtes Handling.

Die langhubige Konstruktion des V-Aggregats zeigt eindrucksvoll, wie drehmomentstark ein 250er Motor sein kann. Der ungedrosselt 22 PS starke V-2 drückt bei 6100/min 22 Nm aufs Hinterrad. Das ist kein Wert, der sich besonders von der Konkurrenz abhebt. Erstaunlicher ist vielmehr, daß von 3000 bis 8000/min immer mindestens 20 Nm zur Verfügung stehen – ein guter Wert, und damit braucht die XV 250 in dieser Klasse keine Konkurrenz zu scheuen. Hier trägt die langhubige Auslegung ihre Früchte – die XV 250 ist ein kleiner Dampfhammer.

EQUIPMENT

Die Wahl einer 250er anstelle der größeren Version mag Sparfüchsen leichter fallen als anderen, aber dennoch hat Yamaha an der Ausstattung der XV 250 nicht gespart. Der Viertelliter-Cruiser ist mit ebensoviel Liebe gemacht wie sein nächstgrößeres Pendant, die XV 535. Das fängt direkt beim sauberen Outfit der Gabel an. Das flache Führungseisen begeistert von oben bis unten mit seinem metallischen Glanz bis hin zu den Gabelbrücken. Weiter oben am Cockpit setzt sich der Metall-Look fort – mit kleinem, verchromtem Rundscheinwerfer, mittig angeordnetem Tacho und einer ausreichend umfangreichen Kontrollleuchtenleiste darunter. Für die Kupplungs- bzw. Bremshand stehen verchromte Hebeleien bereit.

Zwischen Fahrer und Armaturen eines Choppers gehört ein richtiger Tropfentank – auch die kleine XV hat ihn. Durch seine fließenden Formen fügt sich der Tank nahtlos in die Linie der XV. Die zweifarbige Lackierung setzt dem formschönen Benzinbehälter noch das i-Tüpfelchen auf.

Vorne neben dem Tank setzen zwei verchromte, oval geformte Boxen den Chromlook fort – sie gehören zur Identität der XV-Reihe und pushen den Motor optisch. Auf die Stiefel des Fahrers warten gummigelagerte Fußrasten, die sich vorne in Höhe der Unterzüge breitmachen. Die verchromte Fußpedalerie ist solide gearbeitet und verträgt auch mal einen kleinen Umfaller beim Rangieren. Die hinteren Fußrasten sind an robusten, rahmenfesten Auslegern montiert, die in mattem Alu-Look schimmern.

Für den Beifahrer liegt ein dickes Sitzpolster bereit, das mit seiner abgesteppten Sitzfläche auch optisch anspricht. Der Fahrer kann sich auf einem sofaähnlichen Sattel niederlassen, der ihm einen ungewöhnlich hohen Sitzkomfort beschert und ihn darüber hinaus ungewohnt tief fallen läßt: Mit der ungewöhnlich niedrigen Sitzhöhe von nur 68,5 cm nimmt man direkt über der Straße Platz. Das macht die 250er vor allem für Einsteiger interessant, die sich nicht mit dem Herumwuchten einer größeren Maschine belasten wollen.

Die Hinterradfelge liegt ebenso unter einer schützenden Chromschicht wie der Kettenschutz. Der ist ausreichend groß bemessen und erfüllt somit seine Aufgabe. Als hinterer Schmutzfänger spannt sich ein breites, lackiertes Schutzblech über das 15-Zoll-Hinterrad. Das Blech ist chopperlike robust und übernimmt gleichzeitig die tragende Funktion für das Sozius-Sitzkissen. Das Schutzblech trägt zugleich den breiten Haltebügel für den Sozius. Hier können auch Spanngummis für Gepäckrollen eingehakt werden.

ON THE ROAD

Der als extremer Langhuber ausgelegte V-Motor springt morgens nach kurzem Druck auf den Starter an und läuft auch direkt rund. Nach wenigen hundert Metern kann bereits der Choke des einzelnen Mikuni-Vergasers zurückgeschoben werden. Bevorzugtes Revier der kleinen Yamaha sind der Stadtverkehr und kurze Strecken über Landstraßen. Dabei zeigt sich die XV dank ihres geringen Gewichts auch in der 17 PS-Version als ganz schön spritzig.

Durch die niedrige Sitzhöhe und den breiten Lenker läßt sich die XV im Stand und in Fahrt wie ein Fahrrad bewegen. Kupplung, Schaltung und Bremsen unterstützen durch ihre Leichtgängigkeit diesen Eindruck.

Der Zweizylinder zieht bereits aus unteren Drehzahlen willig an der Kette und erklimmt bei Bedarf bereits nach 11,2 Sekunden die 100 km/h-Marke.

Ist man mit der XV in Fahrt, ist der kleine Hubraum schnell vergessen. Durch die langhubige Triebwerksgestaltung legt der V-Twin ausreichende Durchzugskraft an den Tag. Das Fünfgang-Getriebe muß deshalb zum Mitschwimmen im Verkehr nicht über die Maßen oft bedient werden – wenn´s vorwärts gehen soll, allerdings schon.

Der Tacho – das einsame Zeiger-Instrument im XV-Cockpit – läßt sich gut ablesen und zeigt ruhig und genau an. Für die leichte Bedienbarkeit der Schalter muß man den Yamaha-Ingenieuren ein Lob aussprechen – selbst mit dickeren Handschuhen gelingt die Bedienung auf Anhieb.

Verläßt man die städtischen Gefilde und nimmt die umgebenden Landsträßchen unter die Räder, zeigt sich die XV von ihrer lebendigen Seite. Kleine Kurven und Serpentinen nimmt sie erstaunlich flink, trotz der eingeschränkten Schräglagenfreiheit. Aber bitte, wir reden hier nicht von einer Sportmaschine.

Das Fahrwerk macht einen ausgesprochen soliden und verwindungssteifen Eindruck und läßt sich mit den vorhandenen Bremsen – Scheibe vorn, Trommel hinten – ausreichen verzögern. Die Dämpferelemente der Schwinge und der Gabel kommen ihren Aufgaben gewissenhaft nach. Unvergleichlichen Komfort bietet die fette Sitzbank. Bis zum nächsten Tankstop, der nach ca. 220 km nötig wird, hält man es spielend aus. Hat man das Pech, auf dem kleinen Sitzbrötchen hinten zu sitzen, werden einem diese 200 Kilometer allerdings ganz schön lang werden.

Das muß man der XV 250 jedoch nicht anlasten. Ihr geringes Gewicht, ihr spielerisches Handling, gepaart mit dem für seine Klasse durchzugsstarken Zweizylinder machen sie zu einem idealen Gefährt für kurze Strecken: den täglichen Weg zur Arbeit, den Besuch bei Freunden, die Spritztour zum Sport. Und man muß sich gewiß nicht genieren, sie auf dem Parkplatz neben dem Motorrad des Chefs abzustellen.

Virago-Premiere: Die XV 250 ist die erste mit Kettenantrieb.

1997

VIRAGO
XV 125

Ein Motorrad für Auto-
fahrer ist die XV 125 –
speziell für solche, die
keinen Einser, ihren Dreier jedoch seit dem 1.4.1980 haben.
Dafür, daß sie dennoch Spaß an
ihrem 11 PS-Chopperle haben,
sorgt die in dieser Klasse unge-
wohnte Liebe zum Detail.
Schneller macht diese die XV
125 aber auch nicht. Aber dafür
gibt´s ja andere Viragos – und
den Einser-Führerschein.

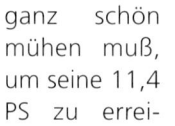

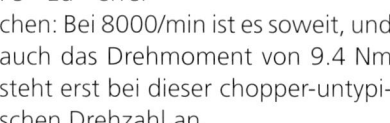

MOTOR

Vielzylinder waren der allerletzte Schrei im Rennsport der sechziger Jahre: In der 125er Klasse kam das letzte Gebot in Form eines Vierzylinders, Viertakt wohlgemerkt. Dreißig Jahre später ist ein 125er Viertakt-V-Twin noch immer Sensation genug. Und das Tollste daran ist: Um ihn zu fahren, braucht man gar keinen Motorradführerschein.

Das ist die Yamaha XV 125 Virago, Yamahas roter Einladungsteppich zum Motorradfahren an all dienigen, die vor dem 1.4.1980 den Autoführerschein gemacht haben und jetzt nicht mehr länger nur mit dem Fuß

Gas geben wollen – auch wenn dabei nur gute 10 PS mobilisiert werden. Mehr ist nicht erlaubt.

Man hat sich den Job bei Yamaha nicht leicht gemacht. Zwar gab es in Form der XV 250 mit dem 60 Grad-V-Twin und Hinterradantrieb über Rollenkette bereits eine Basis, aber zur Hubraumhalbierung bedurfte es einiger Nacharbeit: Die erleichterte und drehzahlfestere Kurbelwelle arbeitet jetzt nur noch mit 47 anstelle von 66 mm Hub, die Bohrung schrumpfte von 49 auf 41 mm.

Damit gab es auch schon Platzprobleme für die 250er-Ventile. Die der 125er sind 3 (Einlaß) bzw 2 mm (Auslaß) kleiner, aber zur sicheren Führung etwas länger und mit drehzahlfesteren Federn ausgestattet.

Dafür, daß keine astronomischen Drehzahlen erreicht werden, dürfte schon die Drosselung sorgen: Der 26 mm-Mikuni-Gleichdruckvergaser wird in seiner Atmung eingeschnürt durch auf 20 mm Durchlaß eingeengte Ansaugstutzen.

So kommt es, daß das Zweizylinderchen sich

ganz schön mühen muß, um seine 11,4 PS zu erreichen: Bei 8000/min ist es soweit, und auch das Drehmoment von 9.4 Nm steht erst bei dieser chopper-untypischen Drehzahl an.

EQUIPMENT

Dafür, daß niemand diese 125er eine halbe Portion nennen kann, sorgt schon der Auftritt der kleinsten aller Viragos. Dank ihrer direkten Abstammung von der XV 250 hat sie auch ihre Abmessungen übernommen. Und auch all das, was sie zu einem rechten kleinen Chopperwunder macht: Feinrippiger V-2, locker geschlängelter Chrom-Zweirohrauspuff als Statussymbol gegen all die Zweifler, Chromputz an allen Ecken, Stufensitzbank.

Die beiden freundlichen Luftfilterdeckel machen die Familienähnlichkeit mit den „großen" Viragos verblüffend, und der Standard für gesetztere Herrschaften wird garantiert gehalten durch den komfortablen Elektrostarter. Wirklich: Gespart wurde nicht an diesem Motorrad. Mit 7000 Mark kostet es dafür aber auch nicht besonders wenig. Aber wer das Geld nicht aufbringen möchte, muß sich dann eben mit einem Single bescheiden.

Rar in der 125er-Klasse: Zweizylinder-V-Motor der kleinsten XV.

FAHRWERK

Der Doppelschleifenrahmen mit Preßstahlrückgrat muß sich schon mit der XV 250 nicht mühen – so hat er denn auch hier genügend Reserven. Für die knappe 147 Kilogramm Trockengewicht scheint sowohl die Telegabel mit 33 mm Standrohren als auch die einzelne Bremsscheibe am Vorderrad im ausgewachsenen Virago-Format von 282 mm mit Einkolben-Schwimmsattel angemessen.

Keinen Verzicht gibt es auch beim Räderwerk: Hier wie da stilechte Speichenpracht, vorne in Form eines großen, aber schmalen 18-Zöllers, hinten als 15-Zoller mit einem üppigen 130er drauf.

Gefedert wird das Hinterrad von zwei schräg angestellten Federbeinen mit in fünf Stufen einzustellen-

Die 282mm-Scheibenbremse hat ein leichtes Spiel.

der Federbasis, die Führung übernimmt eine solide stählerne Kastenschwinge.

ON THE ROAD

Es ist nicht dasselbe, ob ein gestandener Biker sich von einer 750er in 11 PS-Gefilde begibt oder ob ein Autofahrer mit vager Erinnerung an Mofazeiten den Schritt aufs Motorrad wagt. Ersterer wird sich die eine oder andere Anerkennung für so ein hübsch gemachtes Drosselbike nicht verkneifen können, doch seine Begeisterung wird sich in engen Grenzen halten.

Anders der umsteigende Autofahrer: Der neue Helm drückt zwar noch ein bißchen auf den Ohren, aber der Sound kommt dennoch gut: Die Zweirohranlage entläßt einen dezenten, aber keinesfalls schüchternen Schlag ins Freie, nachdem der Twin erst einmal seine Arbeit aufgenommen hat.

Die Gänge lassen sich ein wenig schwer einlegen, und auch am Gashebel will mit Nachdruck gequirlt werden, wenn die Fuhre sich in Bewegung setzen soll. Keine falsche Bescheidenheit beim Losfahren, sonst ist der Motor schnell abgewürgt. Also noch ein Knopfdruck, mit mehr Gas die Kupplung kommen lassen – so geht's gut. Auch die

nächsten Gänge gehen nicht ganz so freiwillig 'rein, und unser Neuling ist froh, daß er mit der XV sowenig Probleme hat. Die läßt sich mindestens ebenso leicht manövrieren wie das Mofa anno dunnemals, und es sitzt sich überdies gar nicht mal so schlecht so tief unten.

Nur das Hochblicken zu den Kollegen im 5er BMW ist ungewohnt. Schade, beim Ampelduell hilft auch volles Aufdrehen nichts, keine Chance. Aber dennoch: Jetzt, unter Ausnutzung der Drehzahlreserven geht es klar flotter vorwärts. Nur das richtig relaxte Feeling ist dahin.

Dafür läßt sich in den Kurven so allerhand gutmachen: Die Bremsen packen auch noch ganz kurz vor der Biegung noch verläßlich zu, und mit dem handlichen Fahrwerk läßt sich die kleine Virago fahrradgleich ums Eck zirkeln.

Das macht richtig Spaß, sowohl draußen auf der Landstraße als auch in der Stadt. Doch letztlich ist die eher das Revier der Little Virago. Mit dem Fahrradfeeling kommt man prima durchs Verkehrsgewühl, gewinnt nach und nach dank des Überraschungseffekts doch das eine oder andere Ampelduell und ist zu guter Letzt doch vor dem Kollegen mit dem 5er BMW im Büro. Und hat garantiert mehr Spaß dabei gehabt.

1997

XVS 650
Drag Star

American Way of Life:
Die XVS 650 Drag Star
läutet eine neue Ära
in der XV-Saga ein. Und wer ihre
Message erfährt, weiß, wo sie
erdacht und entwickelt wurde:
bei Yamaha of America. Ein Bike
für Highways und Zweizylinder-
genuß. Und eines, an dem man
immer wieder ein neues, hübsch
gemachtes Detail entdeckt.

FAHRWERK

Keiner ist wirklich drauf gekommen, daß der Zahn der Zeit auch an der XV 535 nagen könnte. In aller Bescheidenheit hat sie sich in zehn Jahren Modellpflege zu einem zeitlosen Klassiker entwickelt. Aber ten years after läßt Yamaha selbst die Virago alt aussehen: mit der Drag Star.

Was hier kommt, das ist ein richtiger Chopper, eine sehr viel ausgewachsenere Virago mit einer gehörigen Portion Anleihen am Flaggschiff der gesamten Cruiser-Szene, der Royal Star. Aber wir wollen nicht voreilig

sein und die Virago abstempeln. Es läßt sich auch anders sehen: Die Virago ist die Low Rider unter den Yamaha-Cruisern, die Drag Star die Fat Boy.

Und deren Fahrwerk hat sie auch: Die Drag Star bricht mit der dekadenmäßigen Tradition des kombinierten Preßstahl-/Rohrrahmens aller Viragos seit seligem TR 1-Gedenken. Stattdessen bildet ihr Rückgrat ein konventioneller, grundsolider Doppelschleifen-Rohrrahmen, der sich bei genauem Hinsehen als verklei-

nerte Ausgabe des Royal Star-Fahrwerks entpuppt. Aber während sie mit der Tradition des Rahmenkonzepts bricht, läßt sie eine neue wieder aufleben: Wie die XV-Modelle der frühen Jahre federn nicht zwei außenliegende Stoßdämpfer das Hinterrad, sondern eine Cantilever-Schwinge, die auf ein zentrales Federbein wirkt. Mit dem Unterschied, daß das Drag-Star-Heck ungleich liebevoller gemacht ist und jetzt täuschend echt den klassischen Hardtail-Look draufhat.

Ihren eindrucksvollen Auftritt verdankt die Drag Star aber nicht nur der Machart, sondern auch den Abmessungen ihres neuen Fahrwerks. Mit einem Radstand von 1610 mm nähert sie sich schon Royal-Star-Abmessungen – immerhin sind da neun Zentimeter mehr in einer Welt, in der auch schon mal gerne um eine Radstandverkürzung von 10 mm gerungen wird.

Und auch die Geometrie ähnelt eher der eines gechoppten Bikes als seiner Serienausgabe: Mit einem Lenkkopfwinkel von 55 Grad steht die Gabel volle 3.5 Grad flacher als bei der Virago, und der Nachlauf von 153 mm hat mit einem regulären Tourenmo-

Eine Frage des Stils: Die Drag Star folgt nicht nur den zeitlosen Idealen der Choppergemeinde, sondern überschreitet auch Klassenschranken spielerisch.

torrad nun wirklich nichts mehr gemein. Da werden Werte von knapp über 100 mm als guter Standard gehandelt.

Eine Nummer reichlicher fiel auch die Dimensionierung der Telegabel aus: Wirkten die Standrohre der Virago mit 36 mm zwar elegant, aber doch eher zierlich, so überläßt die Neue hier nichts dem Zufall: Mit 41 mm Standrohrdurchmesser reiht das Gabelwerk sich in die Liga der größeren Chopper ein.

In die Grundabstimmung der Gabel sowie das Fehlen einer massiven Feinabstimmungslust der neuen Eigner haben die Yamaha-Ingenieure offensichtlich vollstes Vertrauen: Einstellen läßt sich nichts, zumindest nicht vorn. Das zentrale Federbein des Cantileverhecks hingegen bietet die Möglichkeit, die Federbasis auf gefahrene Beladung und jeweiligen Einsatzzweck abzustimmen.

Mehr auf die Optik abgestimmt ist die bremsseitige Ausstattung der Drag Star: Am Vorderrad verzögert noch eine einzelne Scheibe, größer zwar als bei der Virago, aber immer noch mit dem bekannten Doppelkolbensattel. Im Hinterrad bremst die gute alte Trommelbremse, mit 200 mm Durchmesser in Virago-Abmessungen. Für Wachstum, das muß der Fairness halber gesagt werden, wäre aber auch gar kein Platz gewesen in dem 15 Zoll-Hinterrad.

Die herrlich anzuschauenden Speichenräder greifen das Motto der frühen Chopper-Ära respektheischend auf: „Vorne schmal und groß, hinten klein und fett." So spannt sich über der vorderen, nur 2.50 Zoll breiten Felge ein spärlicher 100/90-Pneu, hinten geht´s dafür auf dreieinhalb Zoll mit einem 170/80 in 15-Zoll-Durchmesser voll zur Sache.

So ein Breitformat hätte eigentlich gar keinen Platz in dem zierlichen Dragtail. Es sei denn, um den Preis eines Kunstgriffes: Der von der Virago übernommene Kardan läuft offen – ungeniert, aber dafür verchromt. Ja und? Das tun doch auch die Ketten an den meisten Motorrädern...

MOTOR

Man sieht es ihm auf den ersten Blick nicht an: der Drag Star-Motor ist der gute alte Zweizylinderfreund aus der Virago. Aber er hat nicht nur eine optische Verjüngungskur hinter sich, sondern auch ein gehöriges Workout im Fitness-Studio, das da heißt: Yamaha Motor Development.

Neuer Rahmen: Wie die Royal Star vertraut auch die Drag Star auf einen Stahlrohrrahmen. Radstand und Lenkkopfwinkel sind deutlich „gechoppt".

Tiefe Sitzbankmulde, Sidepipes und Hardtail-Look. Konsequentes Chopperdesign, möglich durch das versteckte Zentralfederbein.

Soviel Hinterradreifen verträgt sich nur deswegen mit dem schlanken Heck, weil die – verchromte – Kardanwelle ohne Abdeckung läuft.

Die gleitgelagerte Kurbelwelle hebt das Kolbenpaar nun um vier Millimeter mehr, was einem Hub von 63 mm entspricht. Kolben wie Zylinderbohrung legten im Durchmesser jeweils fünf Millimeter zu. So ergibt sich ein Hubraum von 649 ccm, was schon ein gehöriger Nachschlag gegenüber der 535 ist, jedoch noch nicht wirklich beeindruckend. Aber das ist bei Yamaha Kalkül: Drehmoment und Optik sind das, worauf es wirklich ankommt.

Und in Sachen Drehmoment muß die Drag Star sich nun wirklich nicht verstecken: Die 34 PS-Version stemmt bei 3000/min ihre 50 Newtonmeter in den Kardan, bei der 40 PS-Variante ist es mit 50.9 nur unwesentlich mehr. Der Virago (34 PS-Version) fehlen da geschlagene 10 Newtonmeter, was sich aber erst 2000/min höher herausstellt.

So ein Drehmomentberg geht natürlich nicht nur auf das Konto des aufgestocken Hubraums, sondern auch auf das einer ganz gezielten Abstimmung: So inhaliert der traditionell zweiventilige ohc-Zylinderkopf nun durch Mikuni-Gleichdruckvergaser vom 28 mm-Kaliber. Im Vergleich: Die Virago atmet durch zwei 34-mm-Schlünde. Dafür nähert sich ihre offene Version mit 44 PS aber auch schon eher der 50 PS-Schwelle.

Weitere Maßnahmen betreffen den Zylinderkopf: Die Ventile konnten um zwei Millimeter in ihrer Höhe gekappt werden und arbeiten nun mit einer einfachen anstelle einer doppelten Feder. Die Ölpumpe ist um 50 Prozent leistungsfähiger und mit dem TPS (Throttle Position Sensor) justiert sich die Zündkurve in Echtzeit auf die jeweilige Gasgriffstellung und Vergaseröffnung.

Die Kraftübertragung ist gleich in zweifacher Hinsicht dem angeschwollenen Drehmoment angepaßt: Auf der einen Seite kommen verstärkte Federn und eine siebte Reibscheibe zum Einsatz, auf der anderen Seite wurde die Übersetzung im Getriebe um ein erkleckliches länger ausgelegt: Der dicke Bumms wird's schon richten.

Da kann das Chopperfeeling nicht ausbleiben: Der V-Twin der Drag Star mag´s am liebsten, wenn er kräftig aus dem Drehzahlkeller herausstampfen darf.

EQUIPMENT

Daß der Motor auch optisch kaum wiederzuerkennen ist, hat er seinen neuen Kleidern zu verdanken: Tatsächlich ist lediglich das Kurbelgehäuse selbst identisch mit dem der Virago: Zu beiden Seiten schinden voluminöse Motordeckel, bis ins letzte Eckchen hochglanzverchromt, gehörig Eindruck.

Zu diesem trägt auch der gigantische Luftfilterdeckel auf der rechten Seite bei, der selbstverständlich glänzende Rasierspiegelqualitäten besitzt und stilecht zwischen den beiden Zylindern thront – die beiden Chrombeulen an der Virago wirken da nicht im Ansatz so überzeugend.

Dicker tragen jetzt auch die gröbere Zylinderverrippung, das neue Kopfdesign und die geänderte Führung der Auspuffanlage auf: Die Drag Star verfügt nun über regelrechte Side Pipes. Da versteckt sich kein Krümmerrohr mehr unter dem Motor – geradlinig fluchten beide Krümmer mit der Gesamtlinie des Bikes nach hinten, wo sie in voluminöse, übereinanderliegende Schalldämpfer münden – verbunden durch ein Interferenzrohr, das ein vielfach bewährter Kunstgriff zur Optimierung des Drehmomentverlaufs ist.

Ein alter Kunstgriff zur Maximierung des Chopperlooks hingegen ist das Verbannen des Tachos auf eine chromspiegelnde Tankkonsole. Der

Der V-2 versinkt in einem Meer von Chrom. Er macht aber auch mit seiner fülligen Drehmomentkurve eine glänzende Figur.

Umzug ist auch bei der Drag Star vollzogen, sein neuer Nachbar ist jetzt der Tankdeckel, der den Zugang freigibt auf nunmehr 16 Liter Tankvolumen, wobei die letzten drei Liter die Reserve bilden.

Extrabreite Gabelbrücken aus spiegelnd gebürstetem Alumnium tragen einen Lenker, der an Höhe verloren, aber nunmehr an Breite gewonnen hat. Auch sind die Lenkerenden nicht so weit nach unten abgewinkelt, stattdessen mehr nach hinten gezogen.

Die Sitzposition liegt jetzt ungefähr eine halbe Etage tiefer. Schon der direkt hinter dem Tank in Richtung Hin-terradnabe zielende Rahmenoberzug signalisiert, daß der Sattel kaum tiefer sinken könnte. Mit nur 68 Zentimetern kann man das getrost als gegeben annehmen, und weil die Fußrasten zumindest um eben diese vier Zentimeter nach vorne gewandert sind, kann man sich kaum dagegen wehren, sich wie weiland Captain America zu fühlen: Dies hier ist Chopper-Feeling pur!

Das ist es übrigens auch für den Beifahrer. Der breite Fahrersattel verjüngt sich im Handumdrehen, sobald das Polster sich an das Heavy-Metal-Ducktailblech anschmiegt. Zu guter Letzt bleibt nicht mehr als das berühmte Brötchen, bevor der karge Beifahrerpolsterstreifen Platz macht für einen theatralischen Abgang des Schutzblechs – mit Abrißkante, aber braver gesetzeskonformer Plastik-Kotflügelverlängerung darunter.

Aber das ist ja noch alles gar nichts: So wie die Virago eine S-Version zur Seite gestellt bekam, so erhält die Drag Star eine „Classic"-Version zum Paarlauf. Die ist in ihrem Auftritt ähnlich majestätisch wie die Royal Star: Vollmetallene Schutzbleche, fast bis an den Boden gezogen, und hochgesetztes Nummernschild hinten. Kontrastierende Zweifarben-Metallic-Lackierung, Chrombesatz und imposantes 3D-Logo an den Tankflanken, mattschwarze Motorlackierung, um die nicht knapper gewordene Chrompracht besser zur Geltung kommen zu lassen. Und wie zur Krönung tragen die Gabelstandrohre die gleichen Metallhülsen wie die Royal Star selbst. Eindrucksvoller kann man mit 34 PS wahrlich kaum auftreten.

ON THE ROAD

Yamaha Drag Star – the wild one? Optisch ganz ohne jede Frage. Hast Du Dich erst einmal in den Fahrersattel abgesenkt, die behandschuhten Finger den breiten Lenkerenden entgegengestreckt und die Füße auf den ausladenden Fußrastengummis ziemlich weit in Richtung Horizont abgestellt, kannst Du Dir eigentlich kaum ein wilderes Gefühl vorstellen. Fehlt nur noch der Klang des abgesägten Auspuffs und die Kuttengang hinter Dir.

Und dabei bleibt's auch, wenn Du den unterm Knie plazierten Zündschlüssel in seinem Schloß gedreht und den Starterknopf gedrückt hast. Der Sound aus den beiden Schalldämpferenden ist zwar sehr, sehr verhalten, aber respektheischend – ganz schön dumpf tönt's nämlich aus den beiden Pipes. Hört sich an, wie das Motorrad aussieht: Nach mehr, mindestens.

Und auch der Abzug ist entsprechend: Leicht die Kupplung, und ebenso leicht flutschen die Gänge durch. Darum macht das Schalten doppelt Freude: Wegen der angenehmen Betätigung zum einen, wegen des Drehzahlaufschubs zum anderen. Denn auf der Drag Star genießt Du am liebsten das Dampfhammer-Feeling von unten raus, möchtest gar nicht schneller. Fünfter Gang rein, das Stakkato des Motors bei 2222/min unter Dir fühlen, Wind um die Nase, ein gar nicht mal so feines Kribbeln in Händen und Füßen.

Schade nur, daß bei mäßiger Fahrbahnqualität das Stakkato auch durch die Federelemente dringt. Das gilt vor allem für die Hinterhand. Aber ehrlich: Geht es beim Motor-

radfahren nicht um die authentischen Lebensäußerungen? Und dazu gehört, daß man nicht nur die Schläge des Motors spürt, sondern auch die Straße. Ein Motorrad, gerade ein Chopper, ist nun mal doch der direkte Gegensatz zu einer vollklimatisierten Limousine mit hydropneumatischer Vollfederung.

Freilich muß es sich im Rahmen halten, und das läßt sich der Drag Star guten Gewissens attestieren. Zumindest, solange man alleine reist; im Zweipersonenbetrieb ist nicht nur der Sozius, sondern auch das Federbein überfordert. Das Schütteln des Motors ist natürlich unabhängig davon, und in dieser Disziplin läßt die Drag Star Dich nie im Ungewissen, daß Du es hier mit einem ehrlichen Zweizylinder zu tun hast, bangbangbang.

So ehrlich ist er, daß er auch an seiner Motorleistung keine Zweifel läßt. Gibst Du ihm die Sporen, reagiert er eigentlich nicht einmal wie ein kerniger 650er Motor, denn es geht je asthmatischer vorwärts, desto höhere Drehzahlen Du dem Twin zumuten

willst. So konsequent ist er auf sein gewaltiges Anschiebemoment unten'rum getrimmt, daß dies zu Lasten der Spitzenleistung geht. Am Goldenen Kompromiß ist dies ein wenig vorbei – aber entschädigt dafür nicht der vehemente Antritt im Drehzahlkeller? Auf den kommt es hier doch an, und wer seinem Motorrad ein wenig zuhört, wird sich ganz automatisch und schnell darauf einstellen.

Immerhin läßt sich kaum ein adretterer Weggefährte in dieser Hubraumkategorie vorstellen. Und wer sonst sollte Dich so stilecht bis zum Stern am Horizont tragen wie die Drag Star – die wildeste Versuchung, seit es die XV-Cruiser gibt?

Schon schwer auf Royal Star-Kurs: Drag Star im Classic-Outfit

1996
XVZ 1300

Royal Star

Wurde ja auch mal Zeit, daß jemand den Vierzylinder-Cruiser erfand. Zweizylinder-Cruiser gibt´s ja schon – aus aller Herren Länder.
Yamaha baut sie: die Symbiose aus Mega-Four und dem Spirit of America. Und beinahe könnte man meinen, sie habe acht Zylinder. Kein Wunder. Denn vollzogen hat sie Yamaha of America.
XVZ 1300. A Royal Star.

FAHRWERK

Die Royal Star ist ein Motorrad im ursprünglichen Sinne: viel Motor und noch mehr Fahrwerk. Beides hat sie im Überfluß – großer Hubraum und eine Masse von Chrom und Stahl. Von einem Leichtmotorrad ist die Royal Star weit entfernt. Stellt man den fahrfertigen Cruiser auf die Waage, begibt sich die Nadel, bei Null beginnend, auf eine lange, lange Reise. Schnell geht es vorbei an den Ziffern 100, 200 und 300 – Kilogramm wohlgemerkt. Bei 330 wird die Nadel langsamer, braucht aber noch weitere sechs Teilstriche, um zum Stillstand zu kommen. Macht 336 kg vollgetankt.

Hinzu kommt bei Bedarf die königliche Zuladung von 197 kg. Da muß der Royal Star selbst zu zweit mit Urlaubsgepäck nicht überladen über die Lande cruisen. Möglich wird die hohe Zuladung durch ein äußerst stabiles Fahrgestell. Der Doppelschleifen-Rohrrahmen wartet mit üppigen 43 mm Durchmesser an den Oberzügen auf. Vom Lenkkopf abwärts ziehen sich die zwei Unterzüge mit über 38 mm unter dem Triebwerk durch. Dabei schmiegt sich der Rohrrahmen wie ein Handschuh um das Triebwerk. Nach dem hinteren Zylinderpaar senkt sich der Rahmen stark ab – so kann die gewünscht tiefe Sitzposition von nur 68 cm erreicht werden.

Obwohl man an der Hinterradschwinge keine Dämpfer sieht, sind hier 96 mm Federweg vorhanden. Das Geheimnis steckt in einem Federbein, das liegend unter dem

Fett, fett: Ein 150/80 trägt die Last auf dem Vorderrad

Motor plaziert ist. Diese Konstruktion setzte erstmals Harley-Davidson an den „Softtails" in der Großserie ein. Weniger unauffällig als das Federbein ist das opulente Hinterrad. Auf der vier Zoll breiten Felge spannt sich ein 150/90-Fünfzehnzöller. Wegen des hohen Reifenquerschnitts ähnelt das breite Gummi eher einem Traktor- als einem Motorradreifen. Vorne sieht´s nicht anders aus. Die dreieinhalb Zoll breite Vorderradfelge ist zwar ein halbes Zoll schmaler als die hintere, der aufgezogene Reifen – ein 150/80 – aber genau so breit. Da dem Vorderrad die Führungsarbeit zukommt, haben die Fahrwerkstechniker hier einen fahrstabileren 16-Zöller gewählt.

Eine neue Klasse von Motorrad? Die Royal Star sprengt die Schemen

Wer nicht gern viele kleine Speichen putzt, wird Spaß an den Royal Star-Rädern haben. Lackierte und an den Felgenhörnern polierte Aluminiumguß-Felgen mit je sieben Speichen lassen sich leicht reinigen. Zum Stoppen der vollbeladen über eine halbe Tonne schweren Maschine bremst am Hinterrad eine Single-Scheibe im Royal-Format – sie mißt riesige 320 mm Durchmesser. Richtig, das dürfte die größte je an einem Serienbike-Hinterrad verbaute Bremsscheibe sein. Ein Zweikolben-Schwimmsattel erpreßt die Bremsbeläge. Vorne arbeitet eine gelochte Doppelscheibe. Die 298 mm großen Scheiben mit Zweikolbensätteln zwingen die königliche Fuhre auf Wunsch sicher zum Stillstand.

An der Vorderhand arbeitet eine vollverkleidete Gabel mit 43 mm starken Standrohren. Mit 129 mm Nachlauf und 55 Grad Lenkkopfwinkel besitzt die Royal Star keine extrem flach angestellte Gabel oder Geometrie.

Aber genau hier unterscheiden sich auch Chopper- und Cruiserfahrwerke: Im Gegensatz zu einem echten Chopper lassen sich mit dem Cruiser Kurven noch wendig und flink durchfahren. Der gewaltige Radstand von 1,69 m deutet dagegen auf eine souveräne Ruhe im Fahrwerk hin.

Der Motor hat schon 750er Café Racer zum Frühstück verspeist, als er noch in der V-Max wohnte. Jetzt hat er nur noch 75 PS. Aber nennt ihn nicht zahnlos. Denn jetzt braucht er nur noch 1000/min, um die Drehmomentspitze seiner alten Opfer alt aussehen zu lassen.

MOTOR

Ein typischer Chopper hat zwei Zylinder, ein typischer Cruiser hat Dampf in allen Lagen. Nach diesem Motto wählte man den größten Motor aus dem Yamaha-Regal, um ihn ins Royal Star-Fahrwerk zu stecken. Der wassergekühlte Vierzylinder-V hat seine Leistungsfähigkeit längst unter Beweis gestellt – im Luxustourer XVZ 13 T Venture und im Superbike-Schreck V-Max. In der V-Max stampft der Big Block sogar mit etwas weniger Hubraum fast 145 PS auf die Kurbelwelle. Für ein gelungenes Cruiser-Triebwerk ist Topleistung aber nicht von Bedeutung – hier zählt nur eine üppige Drehmomentkurve, nach Möglichkeit so flach wie ein Nummernschild. Hierzu haben die Ingenieure im Land der Hubraummonster einige Details in dem 1294 ccm großen Motor überarbeitet.

Zuerst gab man dem V-4 aber die richtigen „vibrations" mit auf den Weg – schließlich will man auch spüren, daß man fährt. Dazu ließ man einfach eine der beiden Ausgleichswellen weg. Die insgesamt vier obenliegenden Nockenwellen des 70°-V tauschte man gegen Exemplare mit zahmeren Steuerzeiten. Der Querschnitt der Vergaser verminderte sich ebenfalls zugunsten

eines früheren Drehmoment-Tops von 35 auf 28 mm (= 1/3 kleinere Durchlaßfläche). Zugunsten längerer Haltbarkeit sank zudem das Verdichtungsverhältnis auf 10:1 – jetzt kann an der Normal Bleifrei-Säule getankt werden.

Der Kraftstoff wird von vier Mikuni-Vergasern aufbereitet, die zwischen den Oberzügen unter dem Tank münden. Anschließend wird das Gemisch durch je zwei Einlaßventile in die Brennräume gesogen. Daß dieses

Triebwerk ursprünglich als PS-orientierter Antrieb konzipiert wurde, läßt sich am Bohrung-/Hub-Verhältnis erkennen. Mit 79 x 66 mm ist der Kurzhuber zugunsten hoher Topleistung auf große Ventilquerschnitte und hohe Drehzahlfestigkeit ausgelegt.

Das auf 10:1 verdichtete und verbrannte Gemisch wird über je zwei Auslaßventile in die Krümmer geschickt. Vier Schalldämpfer kümmern sich um die klangvolle Entspannung der Abgase.

Königlichen Komfort verspricht auch der Endantrieb. Statt schmieriger Kettentechnik vertraut der königliche Stern auf den wartungsarmen Kardanantrieb. Gekuppelt wird hydraulisch mit einer Mehrscheiben-Ölbadkupplung, wobei einen Fünfgang-Getriebe dem Hinterrad seine Leistung zuteilt. Womit wir beim Thema wären. Die Überarbeitung des Big Blocks mit Hinblick auf ein frühes Drehmoment hat gefruchtet: Bei 1000/min liegen bereits 85 Nm an. Welcher Cruiser bietet mehr?

Zwischen 1800 und 5000/min darf man sich stets an opulenten 100 Nm erfreuen. Der Gipfel wird mit 111 Nm bei 3500/erreicht – ein königlicher Schiffsdiesel. Daß die Höchstleistung des V-4 „nur" 75 PS bei 4750/min beträgt, interessiert danach eigentlich kaum jemanden.

EQUIPMENT

Die Royal Star kleckert nicht, sie klotzt. Das gilt nicht nur für den hubraumstarken Motor, das gilt besonders für die Ausstattung des Cruisers. Wo an hochmodernen Motorrädern extra leichte Plastikteile flattern, kam für die Bauherren der Yamaha nur solide Werkstoffe in Frage: Aluminium und Stahl. Und genau diese soliden und langlebigen Materialien entsprechen dem Charakter der Royal Star.

Am Hinterrad bekommt man direkt eine Einführung in grundsoliden Motorradbau. Über den halben Umfang des Hinterrads spannt sich ein gigantischer Kotflügel. Den Abmessungen nach zu urteilen, könnte man aus dem Material locker die gesamte Karosserie eines Fiat Panda dengeln. Der Schmutzfänger zieht sich an den Seiten weit herunter. Dabei bedeckt er schon im ausgefederten Zustand fast die obere Hälfte des Hinterrads. Am schräg auslaufenden Ende hält ein großer verchromter Lampenträger das Rücklicht mit den hinteren Blinker. Oben, auf der höchsten Stelle des Schutzblechs, thront das Sitzkissen für den Beifahrer. In Verbindung mit den tiefen Fußrasten kann auch der hintere Passagier längere Strecken ohne Anstrengung zurücklegen. Das abge-

Nostalgisches Thema: Kein Cockpit, nur eine Küchenuhr von Cartier.
Der Lenker spielt unverhohlen in Richtung Indian-Werksmaschine

steppte Sitzkissen läßt sich zudem mit einer passenden Sissy Bar aus dem Yamaha-Zubehör zum Sofa aufrüsten.

Für den Fahrer gibt es eine Sitzmöbel der besonders bequemen Art. Der Sitz vom Format eines Fernsehsessels ist mit 68 cm Höhe nicht nur sehr tief angebracht, sondern bietet auch königlichen Langstreckenkomfort.

Vor dem Fahrer erstreckt sich eine strahlende Chromlandschaft, wie man sie höchstens von amerikanischen Motorrädern gewohnt ist. Auf dem breiten, imposanten Tank liegt zentral ein großes Tachogehäuse. Die verchromte Einfassung des Tachos ist so robust ausgeführt, als solle sie eine Ewigkeit überdauern. Dabei wirkt sie keineswegs plump – alle

Kanten sind sauber verarbeitet und mit verchromten Inbus-Schrauben gesichert. An der oberen Gabelbrücke gibt's dann Chrom und Alu soweit das Auge reicht. Lenkerhalter, Gabelbrücken und die Armaturen am geschwungenen Lenker blitzen im Heavy-Metal-Look.

Die Telegabel gefällt durch ihren stilechten Klassik-Look. Wie an den allerersten Motorrädern mit Telegabel gleiten die Tauchrohre unter verchromten Hülsen. Die Gabel wirkt so noch wuchtiger als sie eh' schon ist. Praktischer Nebeneffekt: der Schutz der Gleitflächen und Simmerringe vor Schmutz und Steinschlag. Zwischen den beiden Gabelbrücken erhellt ein Scheinwerfer die Fahrbahn, dessen Lampentopf in dieser Größe jedem LKW gut zu Gesicht stünde.

Dahinter wölbt sich ein kunstvoll geformtes Chromschild, um den Blick auf den tristen Steuerkopf zu kaschieren.

Trotz der ausgesprochen soliden Konstruktion der Royal Star fällt immer wieder auf, mit welcher Liebe zum Detail die Maschine zusammengebaut ist. Versenkte Schraubenköpfe, saubere Schweißnähte und eine makellose Lackierung bezeugen den hohen Qualitätsmaßstab, den die japanischen Konstrukteure angelegt haben. Obendrauf kommt eine zweifarbige Lackierung, die die Royal Star in einen creme-roten Sonntagsanzug kleidet.

Auch an der Form des vorderen Schutzblechs standen Motorräder aus den Zwanziger Jahren Pate. Diese mächtige Radabdeckung trägt die Bezeichnung „Schutzblech" zu Recht. Unter dem Blech verschwindet der halbe Umfang des fetten 150/80-Vorderrads.

ON THE ROAD

Beim Auftritt der Royal Star bleiben Passanten stehen. Kinder strecken neugierig die kleinen Hände aus. Der Grund des Staunens ist schnell ersichtlich – kaum ein anderer großer Cruiser tritt mit soviel Chrom und Größe auf.

Um am vollgetankt 329 kg schweren Bike nicht zu verzweifeln, kann die königliche Fuhre gut mit der breiten Lenkstange dirigiert werden. Eine weitere Erleichterung bietet ein ausklappbarer Seitenständer, so daß der Hauptständer nicht bemüht werden muß.

Nachdem der große Vierzylinder seine Arbeit aufgenommen hat, geht es mit Standgasdrehzahlen in den ersten Gängen bereits vorwärts. Das Getriebe läßt sich sicher schalten und kann mit der hydraulischen Kupplung gut dosiert werden. Die Sitzposition fällt ausgesprochen locker aus. Das breite Sitzkissen schmiegt sich wie ein Sofa an das Hinterteil und läßt eine entspannte Tour erwarten.

Die Füße nehmen nicht zu weit vorn auf den vorverlegten Rasten Platz und genehmigen den Knien einen entspannten Winkel.

Ist die Fuhre erstmal in Fahrt, ist das Gewicht schnell vergessen. Flinker als die Bikes der Chopper-Fraktion läßt sich so ein Cruiser in die Kurven legen. Etwas gewöhnungsbedürftig macht der breite Vorderradreifen auf sich aufmerksam – hier kommt beim Bremsen eine starke Aufstellneigung zum Lenker durch.

Ist dann die letzte Gangstufe eingelegt, ist die Royal Star endgültig in ihrem Element. Die Durchzugsprü-

Praktischer Nebeneffekt: Hülsen schützen nicht nur die Standrohre, sondern unterstreichen auch den wuchtbrummigen Auftritt

fung im letzten Gang von 50 auf 120 km/h steckt sie mal eben in 15,3 Sekunden weg. Hier sieht die Konkurrenz nur noch die dicken Auspuffrohre.

Beim Blick nach vorn – oder besser auf den Tank – bietet der übersichtliche Tacho schnelle Info übers Tempo. In dem verchromten Scheinwerfer läuft ein kleiner Film. Hier sieht man die Umgebung wie auf einer Mini-Kinoleinwand vorbeifahren.

Auch die Mitnahme eines Beifahrers stellt einen vor keine Probleme. Platz ist reichlich und bequem vorhanden und den Motor stört das kleine Mehrgewicht anscheinend überhaupt nicht – 110 Nm sei Dank. Das Fahrwerk kommt auch zu zweit mit

den vollbeladen immerhin 533 kg zurecht. Die vordere Doppelscheibe und die riesige hintere Singlescheibe sind standfest und gut dosierbar. Man fühlt sich im Sattel der Royal Star einfach gut aufgehoben. Und während im Rückspiegel gerade der Sonnenuntergang zu sehen ist, gibt man dem Vierzylinder nochmal die Gelegenheit sein königliches Drehmoment aufs Hinterrad zu wuchten.

Custom-Highlights

VIRAGO
SPECIALS

Custom-Highlights

XV 125
by FS Chopperzubehör

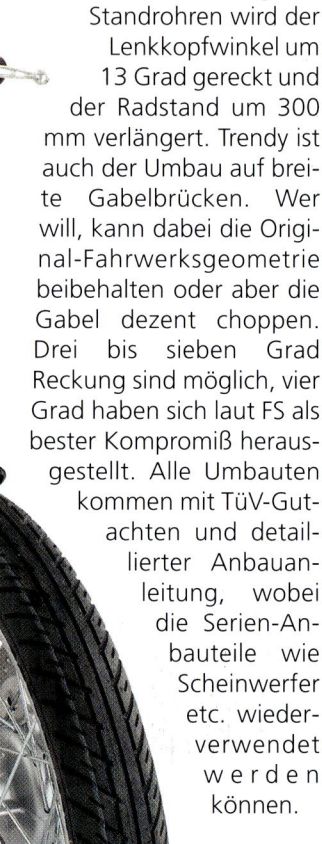

Nicht nur die XV 125, sondern alle Viragos bis hin zur Elfhunderter baut FS in Aufhausen zu veritablen Easy-Rider-Bikes um. Die Fußrasten lassen sich mit speziellen Kits um 15 bis 25 Zentimeter vorverlegen. Einen Umbau auf den Langgabel-Look ermöglicht der Wide-Glide-Kit, auf den FS selbst das Patent hält. Mit extern gelagertem Lenkkopf, neuen Gabelbrücken und längeren Standrohren wird der Lenkkopfwinkel um 13 Grad gereckt und der Radstand um 300 mm verlängert. Trendy ist auch der Umbau auf breite Gabelbrücken. Wer will, kann dabei die Original-Fahrwerksgeometrie beibehalten oder aber die Gabel dezent choppen. Drei bis sieben Grad Reckung sind möglich, vier Grad haben sich laut FS als bester Kompromiß herausgestellt. Alle Umbauten kommen mit TüV-Gutachten und detaillierter Anbauanleitung, wobei die Serien-Anbauteile wie Scheinwerfer etc. wiederverwendet werden können.

**FS Chopperzubehör, Schlappmühle, 93089 Aufhausen
Telefon: (09454) 93020, Fax. (09454) 1220**

78

XV 250 by JF Motorsport

Foto: JF Motorsport

Die Grenzen des Machbaren lotete JF Motorsport mit seinen Indian-Umbaukits für die Virago-Modelle XV 250 und XV 535 aus. Mit klassischen Kotflügeln, gekapselten Stoßdämpfern, Einzelsitzbank, eigens entworfenem Auspuff im Stil der alten Indians, breitem Lenker, Chromseitenverkleidung und hochgesetztem Nummernschild verwandelt sich die 17 PS-Virago zu einem kleinen Kunstwerk im Stil der US-Klassiker. Ein Glanzlicht setzt bei Bedarf die speziell entworfene Springergabel, die den Umbau komplett macht, aber dafür den Gestehungspreis locker auf deutlich mehr als das Doppelte des Preises für eine Serien-XV treibt. Nur noch wenige Maschinen und Teile dieser limitierten Sonderserie (selbstverständlich mit TÜV-Gutachten) sind im Handel. Bei JF hat man inzwischen seine Chopperzubehörpalette von der Scheibe bis zur Satteltasche erweitert und auch eine Eigenkreation auf Basis der neuen Drag Star vorgestellt.

JF Motorsport , Dieselstraße 10, 61239 Ober-Mörlen, Tel. (06002) 1771, Fax. (06002) 1776

XV 535 by AME

Wenn es einen Pionier auf dem Gebiet des Chopperbaus in Deutschland gibt, dann ist dies AME. Seit inzwischen einem Vierteljahrhundert werden Bikes jedweder Herkunft zu Choppern verwandelt – und das schließt Einzylinder-BMWs und Sechszylinder-Hondas schon mit ein. Das Zubehörprogramm ist ein Fischerbaukasten für Chopperfans, angeboten wird alles vom Fishtail-Auspuff bis zum eigenen Rahmen. Daraus läßt sich auch eine XV 535 nach Belieben zusammenstellen.

Die abgebildete Virago verfügt über eine vorverlegte „Sundance"-Fußrastenanlage, trägt einen Tropfentank und eine hauseigene Sitzbank. Die Gabel ist mit dem Wide-Glide-Umbausatz um 14 Grad gereckt und auf 270 mm verbreitert. Das 4.5-Zoll-Speichenrad nimmt einen 170/80-Breitreifen auf, das 19-Zoll-Vorderrad ist auf Trommelbremse umgerüstet. Der „Drag Bar"-Lenker ist mit dem „Custom Style"-Lenkerhalter um 80 mm höhergelegt, kurze Stoßdämpfer senken das Heck um vier Zentimeter ab – viel geht nicht mehr bei einer Virago.

Foto: AME

AME, Auf dem Ritter 1 - 9, 34270 Schauenburg-Hoof, Tel. (05601) 2022, Fax. (05601) 5236

XV 535 by Hein Gericke

Zum Shopping für den Chopper bietet sich Hein Gericke an. In Shops und via Versand gibt es bits and pieces für alle Virago-Modelle und die neue Drag Star. Liebevoll ist ein Komplettprogramm von Veredelungsteilen zusammengetragen, die beim verchromten Öleinfülldeckel anfängt, über eine durchgehende Chopper-Stufenbank geht und bei verchromten Seitendeckel noch längst nicht aufhört. So läßt sich nach und nach ein kleines Virago-Juwel zusammenstellen: Mit Sturzbügeln, Frontscheibe, hochglanzverchromtem Austausch-Luftfilterdeckel mit Dekor und vorverlegter Fußrastenanlage. Eine reiche Auswahl bietet Hein Gericke auch in Sachen Chopperspiegeln, Lenkergriffen, Satteltaschen und an der unteren Gabelbrücke zu montierenden Werkzeugtaschen. Sogar Airbrushdesign gibt's: Als Dekorfolie mit limitierten Designs.

Hein Gericke, Reisholzer Werftstraße 19, 49589 Düsseldorf, Tel. (0211) 98989, Fax. (0211) 9898719

XV 535 S by Hein Gericke

Nicht nur für die optische Veredelung, sondern auch für das technische Customizing bietet Hein Gericke eine Vielzahl von Möglichkeiten. Mit Hagon-Federbeinen läßt sich das Fahrwerk um bis zu 65 mm tieferlegen. Die Fußrasten lassen sich mit der kompletten und TüV-abgenommenen Anlage um ca. 20 Zentimeter vor-, die Lenker mit speziellen Riser-Böckchen höherlegen. Auspuffanlagen in verschiedenen Ausführen stehen von Arrow, SilverTail und Laser (mit EG-ABE) zur Auswahl. In puncto Scheiben ist die Auswahl ebenso vollständig wie in Sachen Gepäcksystemen: Von der Lederpacktasche einschließlich Abstandshalter bis zum kompletten Trägersystem mit Hartschalenkoffern bzw- Topcase reicht die Palette. Ebenso im Programm: die komplette Giuliari Custom Line mit individuellen Sitzbänken.

Foto: Hein Gericke

Hein Gericke, Reisholzer Werftstraße 19, 49589 Düsseldorf, Tel. (0211) 98989, Fax. (0211) 9898719

XV 535 **by Highway Hawk**

Foto: DIFI

Unter dem Namen „Highway Hawk" hat DIFI ein umfangreiches Programm an Virago-Customizing-Parts herausgebracht. Die Lenkerverkleidung ist ein Universal-Anbauteil, der Bugspoiler ein Modell. Mit den Fußrastenanlagen lassen sich die Rasten um ca. 14 Zentimeter vorlegen. Hübsch gemacht sind die „Techglide"-Luftfilterdeckel, im Programm sind sowohl weitere Varianten als auch Vergaserdeckel im „Eagle Spirit"-Design für die 535 und Motordeckel für die XV 750/1100 . Reichhaltig ist die Auswahl an speziellen Chromteilen vom Rückspiegel über Miniblinker bis hin zu Chromfußrasten. Zur speziellen Virago-Linie zählen überdies Sitzbänke, Auspuffanlagen und Trittbretter. Um die grelle Lackierung muß der Virago-Owner sich allerdings selbst kümmern...

DIFI GmbH, Oldenburger Straße 65, 26316 Varel, Tel. (04451) 915200, Fax. (04451) 915290

XV 535 by Yamaha Motor

Bei soviel Veredelungsdrang zum Thema Virago mochte auch Yamaha nicht zurückstehen und kreierte einen Custom-Kit für die Modelle der Baujahre 1989 bis 1995. Der Kit hat das Zeug, die Virago zumindest optisch auf Sportster-Niveau umzumo-

deln. Dies geschieht mit knubbeligem Kunststofftank, massivem Hinterradschutzblech mit hochgesetztem Kennzeichenhalter und neuem Rücklicht, Muldensitzbank, rundem, einseitigen Luftfilterdeckel, neuen Seitenabdeckungen, schmalem

Frontschutzblech, Chromfußrasten und rechteckigen Rückspiegeln. Der TÜV-geprüfte Kit fand den Weg zur Szene über die Yamaha-Vertragshändlerschaft, wo nach einem Ausverkauf nur noch mit Glück noch einzelne Teile bzw. Kits zu finden sind.

Yamaha Deutschland, Hellersbergstraße 9, 41460 Neuss, Tel. (02131) 164-180, Fax (02131) 164-189

XV 535   by Fechter Drive

Falcon Custom Parts heißen die Chopperanbauteile aus dem Hause Fechter. Es gibt sie für die XV 750/1100 und die 535 , die so auf der Cruiserskala schon deutlich weiter ausschlägt als die Standard-XV. Zu verdanken hat sie dies unter anderem dem Lenker „Dragbar" mit 160 mm-Risern, der vorverlegten Fußrastenanlage mit Design-Hebeln, der böse nach oben ragenden Doppelrohr-Auspuffanlage (mit EG-Betriebserlaubnis), der Giuliari-Sitzbank mit gepolsterter Sissybar. Darüber hinaus zu haben sind beispielsweise spezielle Halter, um den Tacho

(neben den Luftfilterdeckel) oder auch das Nummernschild (neben die Radachse) an der Maschinenseite zu plazieren. Zum Programm gehören überdies Gabelbrücken-Kits (6⁰, 250 mm Breite) spezielle Scheinwerfer-Kits, Chromblenden, Scheiben und Leder-Satteltaschen.

Foto: Fechter Drive

Fechter Drive, Michael-Becker-Straße 22, 73231 Weilheim/Teck, Tel. (07023) 9523-0, Fax. (07023) 4930

XVS 650 by JF Motorsport

Im Stil der „Classic"-Version, die Yamaha der Drag Star zur Seite stellt, sind die Nachrüstteile von JF Motorsport für den neuen Stern am Yamaha-Himmel gehalten. Voll auf Nostalgie machen die massiven, ausladenden „Fatboy"-Kotflügel, das Spotlightset „Nightbraker" und die metallbügelverstärkte Tourenscheibe. Fußrasten und Handgriffe vom Typ „Railtype" bringen ebenso mehr Chrom ins Leben wie die Toolbox, der Seitendeckelset aus verchromtem Edelstahl und der feingravierte Luftfilterdeckel. Details im feinsten Classic-Stil sind die metallene Nummernschild-halterung und die Sissybar mit klei-nem Polster. Und wer verreisen möchte, hat die Wahl zwischen Givi-Koffern und ledernen Satteltaschen.

Foto: JF Motorsport

JF Motorsport, Dieselstraße 10, 61239 Ober-Mörlen, Tel. (06002) 1771, Fax. (06002) 1776

XV 1100 by AME

Foto: AME

Es muß ja nicht immer ein Stößel-stangenmotor sein, wenn man daran geht, einen Big-Bore-Chopper auf Kiel zu legen. AME, ältester Custo-mizer in Deutschland, hat eine Menge Vorschläge zum Chopperbau auf XV 1000/1100-Basis. Eine ge-reckte und verlängerte Gabel ist da noch das schlichteste Beispiel, etwas raffinierter kommt da schon eine Tra-pezgabel, eine Springergabel oder die selbstentwickelte Tele-Springer-gabel mit Koni-Dämpfer und 14 Grad-Reckung daher. Wer Nägel mit Köpfen machen möchte, kann auch bei AME einen Hardtail-Rahmen or-dern und mit Breitreifen hinten, 21 Zoll-Rad vorn und Tropfentank selbst zu Werke schreiten. Für Chopperfans mit weniger Zeit oder handwerkli-chem Geschick werden auch Kom-plettfahrzeuge ab Schauenburg an-geboten.

AME, Auf dem Ritter 1 - 9, 34270 Schauenburg-Hoof, Tel. (05601) 2022, Fax. (05601) 5236

Zubehör
bits & pieces

Foto: Hein Gericke

Es gibt nicht viele Motorräder, die man im täglichen (ganz zu schweigen vom sonntäglichen) Straßenverkehr so oft antrifft wie die XV-Modelle von Yamaha. Vor allem gilt das für die XV 535, deren Beiname Virago schon kaum noch den Zusatz eines Markennamens braucht. So eine Popularität hat seine Vorzüge, beispielsweise in der Disziplin Ersatzteilbeschaffung. Aber sie hat auch ihre Nachteile. Vor allem dann, wenn man sich zur Liga der Individualisten zählt. Deren Herz schlägt bei solchem Konformismus einige Takte langsamer.

Zum Glück quellen die Kataloge und Regale der Händler und Spezialisten förmlich über vor Verfeinerungsangeboten speziell für die 535. Vom feinziselierten Chromschräubchen bis zum Komplettumbau ist alles zu haben, was man sich nur wünschen kann, um aus seiner XV ein ganz eigenes Motorrad zu machen.

Das Angebot ist kaum noch zu überblicken, was ja ein durchaus erfreulicher Aspekt ist. Aber der Paragraphendschungel ist es oft genug auch nicht, und dieser Aspekt ist doch deutlich unerfreulicher. Aber er hat auch sein Gutes: Hinterhofkram von übler Qualität sortiert sich oft genug von selbst aus, wenn man auf einem Prüfsiegel besteht. Sicher, ein verläßliches Mittel, um

die Spreu vom Weizen zu trennen, ist dies auch nicht immer. Aber unabdingbar ist es, denn ansonsten sind Schweißausbrüche bei der nächstbesten Polizeikontrolle vorprogrammiert. Und daß der Versicherungsschutz erlischt, wenn die Regeln nicht eingehalten werden, ist ein Punkt, der gern vernachlässigt wird, aber im Ernstfall für einen um so größeren Schrecken sorgt.

Doch damit ist es noch nicht getan. Denn durch Zubehör, das ein Motorrad schöner macht, wird dieses nicht zwangsläufig besser. Im Gegenteil: Die Harmonie des Gesamtkonzeptes wird so durchbrochen, und schon so manche teuren Anbauteile wanderten wieder in die Kiste, weil die Sitzposition unerträglich war oder das Motorrad über 120 km/h entsetzlich pendelte. Darum gilt: Anbauen mit Bedacht, und abwägen, welchen Zweck man verfolgt.

Doch beginnen wir mit den unerläßlichen Formalien. Nachträglich angebaute, nicht serienmäßige Teile – wie zum Beispiel ein breiterer Lenker, ein kürzerer Auspuff oder kleinere Blinker – müssen bestimmte, vom Gesetzgeber vorgegebene Kriterien einhalten. Ist dies geprüft und für in Ordnung befunden, wird geprüftes Zubehör entweder mit Prüfnummern oder mit Papieren ausgestattet.

Der sicherste Weg ist der Erwerb von Zubehörteilen, die mit einer BE (Betriebserlaubnis) oder einer ABE (Allgemeinen Betriebserlaub) ausgestattet sind. Das erspart die Eintragung in die Kfz-Zulassungspapiere beim TÜV. Einziger Nachteil: die ABE oder BE muß ständig dabei sein. Wem dies zu umständlich ist, kann das so zertifizierte Teil trotzdem in die Papiere eintragen lassen. Was natürlich Lauferei bedeutet und Gebühren kostet.

Zubehör, das mit einem modellbezogenen TÜV-Gutachten verkauft wird, macht bei der Eintragung, die zwingend notwendig ist, keine Probleme. Komplizierter und aufwendiger wird es dann, wenn sogenannte Prüfberichte oder Festigkeitsnachweise dem erworbenen Zubehör beiliegen. Die ordnungsgemäße Eintragung in die Kraftfahrzeugpapiere ist da nicht zuletzt von der Tagesform des TÜV-Beamten abhängig, der nicht nur eine Anbauprüfung vornehmen muß, sondern auch Fahrversuche.

Manch einer ist bereit, den Preis für die Schönheit zu bezahlen. Dennoch sollte nicht nur der Geschmack beim Zubehörkauf zählen. Es gilt auch technische Aspekte zu beachten. Welche Gesichtspunkte bei welchem Zubehör zu beachten sind, wird im folgenden an den wichtigsten Bauteilen gezeigt.

Foto: Hein Gericke

Scheiben

Wer sich für den Anbau eines Windschildes an seiner XV entscheidet, muß wissen, daß sich das Fahrverhalten ändern kann. Das Motorrad kann empfindlicher auf Windturbulenzen reagieren, weil der Wind über die Scheibe direkt am Lenker angreift. Für höhere Dauergeschwindigkeiten ist eine Nachrüstscheibe nur bedingt zu empfehlen.

Ein guter Windschutz ist nicht automatisch gegeben. Unbedingt darauf zu achten ist, ob die obere Scheibenkante im Blickfeld des Fahrers ist. Man blickt entweder hindurch oder drüberhinweg – alles andere ist auf Dauer lästig und eine Konzentrationsgefahr. Je größer die Scheibe ist, um so höher ist das Risiko, daß der Fahrer zwar windgeschützt ist, der Sozius aber ständig im Orkan sitzt. Eine Geräuschbelastung durch den Fahrtwind kann sich unabhängig davon für beide ergeben. Deshalb beim Kauf eines Windschildes auf die Höhe achten, da sie je nach Anbieter unterschiedlich ausfällt. Die Freude, die man daran hat, hat mit der Größe der Scheibe nichts zu tun, auch kleine Scheiben können bereits viel Winddruck vom Oberkörper wegnehmen. Je nachdem wie die Befestigung des Windschildes konstruiert ist, verringert sich der Lenkeinschlag. Handwerklich Ungeübte sollten sich bei der Montage genau an die mitgelieferte Anleitung des Herstellers halten.

Auspuffanlagen

Das Angebot an Auspuffanlagen für die XV-Modelle ist groß. Der Nutzwert der Anlagen hält sich zumeist in Grenzen. Aber der ästhetische Zugewinn kann enorm sein, der akustische ebenfalls. Überdies läßt sich mit ihnen auch Geld sparen, wenn mal die Originalanlage ersetzt werden muß. Teuer wird's freilich dann, wenn man dem Punkt ABE oder Eintragungsfähigkeit nicht genügend Aufmerksamkeit schenkt. Unbedingt auf die nötigen Papiere achten! Geschichten, die von enormen, fühlbaren Leistungssteigerungen handeln, sind unbedingt ins Land der Fabel zu verweisen, vor allem bei den hubraumschwächeren Modellen. Kleinere Einbußen sind wahrscheinlicher. Beim Kauf einer Auspuffanlage auch auf die Montageanleitung achten. Das Anbringen der neuen Auspuffanlage sollte ohne größere Abänderungen möglich sein. Ist die neu erworbene Anlage dann noch komplett aus Edelstahl, damit der Rost keine Chance hat, kann sich das stolze Besitzerherz lange daran erfreuen.

Foto: Hein Ge

Lenker

Was ausieht wie ein einfaches Umstecken, ist es nicht. Wer einen höheren Lenker montieren will, muß zuvor prüfen, ob alle Züge, Leistungen und Kabel dies von der Länge bequem hergeben. Eine Prüfung wert ist es auch, ob der neue Lenker das Fahrgefühl zum Besseren hin verändert. Je höher ein Lenker ist, desto weniger präzise ist das Lenkgefühl und um so mehr Unruhen werden in das Fahrwerk eingeleitet. Auch kann ein sehr breiter oder sehr hoher Lenker zu frühzeitigen Ermüdungserscheinungen führen. Auch auf die Chromschicht des Lenkers achten. Nur wenn er sauber verchromt ist, bleibt er lange Zeit ohne häßliche Rostflecken. Je nach Art des Lenkers kann es auch vorkommen, daß die serienmäßigen Spiegel nicht mehr passen. Wer die Lenkerhöhe nur geringfügig verändern möchte, kann dies mit speziellen Lenkerböckchen („Riser") tun, die es in verschiedenen Größen gibt.

Foto: Fechter Drive

Foto: Yamaha Motor Co.

Kosmetik

Mögen sich andere Leute doch den Kopf zerbrechen, wie sie ihr Motorrad schneller machen können – bei der Virago zählt nur eines: Wie mache ich sie schöner?

Das Schwierige an der Beantwortung dieser Frage ist eigentlich nur die Qual der Wahl. Selbst, wenn man eintragungspflichtige technische Veränderungen ausschließt, bleibt noch eine breite Palette von Optik-Goodies – mit einer Spannbreite von verschlimmbesserndem Firlefanz bis hin zur ebenso geschmack- wie sinnvollen Verfeinerung.

Erlaubt ist, was gefällt, und in erster Linie geht es natürlich darum, das Ding einfach auf noch mehr Hochglanz zu polieren, als es ohnehin schon hat: Chromspiegelnde Luftfilterdeckel mit eingraviertem und goldfarben unterlegtem Dekor, Lampenabdeckungen, Ledertasche für die untere Gabelbrücke, Sitzbänke und Lenkergummis mit Flammendekor, Dekorspiegel, Sissybar, Sturzbügel bis hin zum Vibrationsdämpferset mit

Virago-Schriftzug oder speziellen Chopper-Bremszylinderdeckel. Natürlich brauchen solche Goodies kein ABE- oder TüV-Siegel – und in der allermeisten Fällen nicht einmal eine geübte Mechanikerhand zum Anbau.

Die Quellen zum Shopping solcher Goodies sind vielfältig und reichen vom HG-Katalog über die Vitrine des Yamaha-Händlers bis hin zu spezialisierten Veredlern. Und wahrscheinlich ist das Auswählen zumindest ebenso genußvoll wie das spätere Ausführen des eigenen Prachtstücks.

Alle Fotos dieser Seite: Hein Gericke

92

Vorverlegte Fußrasten

Bei der Montage von vorverlegten Fußrasten oder Trittbrettern sollte immer bedacht werden, daß sich das subjektive Fahrgefühl, aber auch das Fahrverhalten des Motorrades ändert. Sind die Fußrasten zu weit nach vorne verlegt, wird das Fahren von längeren Strecken oft unbequem. Oder aber das Gefühl des Schaltvorgangs ändert sich, das Getriebe läßt sich plötzlich hakeliger und ungenauer Schalten. Es kann aber auch das Gegenteil der Fall sein, die Schaltwege werden kürzer und exakter. Dies ist eine Frage der Güte der Ausführung, wobei ganz klar die Wahrscheinlichkeit eines Präzisionsverlusts mit dem Maß der Vorverlegung zunimmt. Sind die vorverlegten Fußrasten an der Fußauflagenfläche nicht mit einem vibrationshemmenden Gummi versehen, werden die Motorvibrationen ungedämpft weitergeleitet. Für denjenigen, der das Harley-Feeling liebt, gibt es nichts Schöneres, aber Weit- und Vielfahrer brauchen dafür schon gute Nerven. Veränderte Fußrastenanlagen können auch bei Kurvenfahrten früher aufsetzen. Vorsicht also, bei der ersten Ausfahrt. Hat man sich für den Kauf von Trittbrettern entschieden, ist zumindest der Komfort durch die gute Bewegungsfreiheit des Fußes gewährleistet.

Foto: AME

Sitzbänke

Die Sitzbank, unmittelbar für unser Wohlgefühl auf dem Motorrad verantwortlich, wird in vielfältigen Ausführungen angeboten: Von sofa-ähnlicher Weichheit bis hin zu spartanischer Härte. Beim Kauf einer Sitzbank sollten die individuellen Kriterien bedacht werden. Kleinere Fahrer, die die Bodennähe lieben, können beim Kauf einer entsprechenden Sitzbank schon einige Zentimeter einsparen.

Wer den Soziusplatz einer genaueren Betrachtung unterzieht, kann sich dann auf dankbare Blicke von hinten freuen. Zu dicke und ungünstig liegende Nähte sind auf Dauer genau so lästig wie die Kuhlen ‚die bei „geknöpften" Sitzbänken entstehen. In diesen Kuhlen sammelt sich nur zu gern das Regenwasser.

Fotos oben und unten: Richa

Koffer Taschen

In den unterschiedlichsten Variationen und Größen gibt es Packtaschen für die XV-Modelle. Einzig stilecht sind da natürlich Packtaschen aus Leder. Die haben aber auch ihre Nachteile: Die Nähte sind ohne entsprechende Pflege und Imprägnierung meist wasserdurchlässig. Darum beim Kauf von Packtaschen darauf achten, daß keine Nähte auf der Verschlußkappe des Koffers angebracht sind. Wird dies beachtet und das Leder regelmäßig imprägniert, hält so eine Packtasche einiges aus. Dauerregen und Spritzwasser sind jedoch zuviel, deshalb sollte Gepäck auf Touren immer wasserdicht verpackt sein. Je nach Größe der Packtaschen, kann es auch vorkommen, daß die Blinker nach hinten versetzt werden müssen. Der Zubehörhändler kann da Auskunft geben.

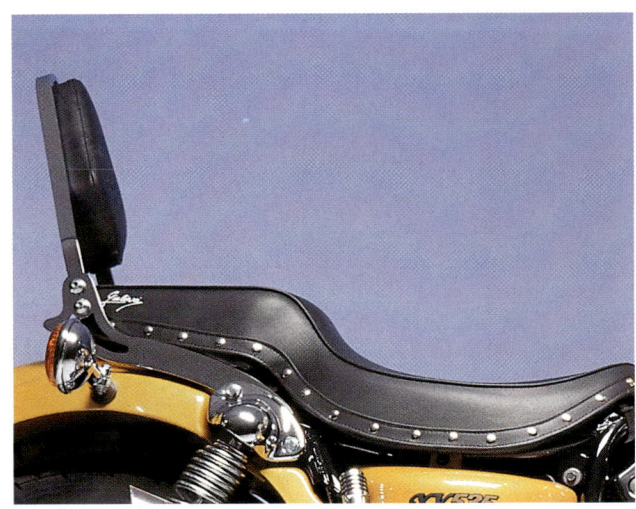

Foto: Fechter Drive

Foto: Hein Gericke

Verlängerte Gabeln und breitere Gabelbrücken

Eine lange Gabel ist das A & O eines richtigen Choppers. Jeder, der mit diesem Gedanken spielt, sollte jedoch für sich prüfen, ob er mit seinem „normalen" Motorrad nicht doch glücklicher ist. Denn je radikaler der Umbau, desto mehr entfernt er sich von dem goldenen Kompromiß, an dem ein Entwicklungsteam lange getüftelt hat.

Wer aber die starke Optik und das dazugehörige Feeling vorzieht, hat heute Möglichkeiten ohne Ende: Die reichen von breiteren Gabelbrücken über solche mit anderem Versatz bis hin zur Langgabel und Breitreifen vorn.

Wer hier selbst Hand anlegen will, sollte in jedem Fall über mechanische Vorkenntnisse verfügen. Der eigene Händler wird nur selten bereit sein, weiterzuhelfen – da läßt man besser einen Spezialisten ´ran. Da ist es wichtig, sich nach Erfahrungen anderer Virago-Fahrern zu erkundigen oder sich bei einem Besuch selbst einen Eindruck zu verschaffen.

Ein Thema zum Sparen ist ein solcher Umbau nicht. Wenn man sich daran wagt, sollte man es auch richtig machen, und an der falschen Stelle zu sparen, ist auf lange Sicht teurer.

Je radikaler ein solcher Umbau die Optik verändert, desto radikaler verändern sich auch die Fahreigenschaften. Schwereres Einlenken in Kurven oder unruhiger Geradeauslauf bei höheren Geschwindigkeiten können die Folge sein. Auf der anderen Seite ist das Angebot so vielfältig, daß mit der richtigen Kombination von Gabelbrückenversatz und mäßig längerer Gabel durchaus akzeptable Fahreigenschaften bei schon recht dramatischer Optik möglich sind.

Eine Hürde ist in diesem Zusammenhang auch die TÜV-Abnahme. Die kann sich als komplizierter herausstellen, als vom Zubehöranbieter angepriesen. Eine Veränderung der Gabel ist in jedem Fall eintragungspflichtig. Einige Adressen für Umbauten finden sich im Specials-Kapitel. Speziell auf Viragos abgesehen hat es „Pablos Custom Corner" in Düsseldorf, Tel. 0211 - 3859250.

Foto: AME

Gabelfedern und Federbeine

Foto: Wilbers Products

Kleinere Fahrer, die die Nähe zum Boden lieben, können mit den richtigen Nachrüst-Federbeinen ihrem Ziel um einige Zentimeter näher kommen. Das Körpergewicht und der Fahrstil sind Faktoren, die beim Kauf anderer Federbeine berücksichtigt werden müssen. Die optimale Wahl sind hier Hagon-Federbeine, die mit verschiedenen Längen und Federhärten ganz auf den Fahrer abzustimmen sind. In der Höhe lassen sich bis zu 65 mm Höhe gewinnen. Vertrieb: Fachhandel oder direkt bei Wilbers Product in 48527 Nordhorn. Die Hagon-Federbeine gibt es je nach Optik in verschiedenen Preisstufen.

Bei Wilbers Products wird auch fündig, wer härtere Gabelfedern (gegen zu starkes Eintauchen beim Einbremsen) oder weichere Exemplare (bei sehr leichten Fahrern) sucht, die dann aber unbedingt eine progressive Federkennung aufweisen sollten.

$\mathcal{E}in$ Motorrad will gepflegt sein, dann währt die Freude daran länger. Denn Fahrsicherheit und subjektives Fahrgefühl hängen unmittelbar mit dem Funktionszustand seiner einzelnen Bauteile zusammen. Schwergängige Züge, quietschende Gestänge oder falsch eingestellte Hebeleien führen zu frühzeitigen Ermüdungserscheinungen von Körper und Seele.

Bremsen, Räder und Reifen sind unmittelbar für unsere Sicherheit verantwortlich und sollten deshalb regelmäßig überprüft werden. Auch ein Fahrwerk, das nicht auf die individuellen Bedürfnisse abgestimmt ist, beeinträchtigt die Freude am Fahren.

Ungetrübter Fahrspaß ist also abhängig von vielen einzelnen Faktoren. Denn die unterschiedlichsten Bauteile am Motorrad sind in ihrer Gesamtheit für ein gutes Fahrverhalten und Fahrgefühl verantwortlich.

Deshalb finden sich nachfolgend die wichtigsten Informationen zu folgenden Themen:

- Räder & Reifen
- Lenkkopflager
- Züge & Hebel
- Bremsen
- Fahrwerk
- Kettenpflege
- Schmierstoffe
- Zündkerzen

Räder & Reifen

Da die Reifen die einzige Verbindung zwischen Motorrad und Straße sind, wollen wir mit diesem wichtigen Punkt beginnen.

Ist der Luftdruck im Reifen zu niedrig, hat das gravierende Auswirkungen auf das Fahrverhalten: ein unruhiger Geradeauslauf und ein spürbar schwereres Einlenken in Kurven. Zudem erhöht sich der Verschleiß des Reifens erheblich. **Den Reifenluftdruck also am besten wöchentlich überprüfen**. Die richtigen Werte dafür finden sich im Fahrerhandbuch. Bei Nachrüstreifen wird die Luftdruckangabe des Reifenherstellers verwendet.

Profiltiefe und Reifenkontur sind ebenfalls ein nicht zu unterschätzender Faktor in punkto Fahrwerksstabilität. Ein mittig abgefahrener, sogenannter Autobahnreifen bringt die gleichen Fahrwerksunruhen mit sich wie ein zu niedriger Luftdruck.

Muß für einen Reifenwechsel das Vorderrad aus- und eingebaut werden, ist beim Einbau unbedingt auf **die richtige Reihenfolge der Distanzhülsen** auf der Vorderradachse zu achten. **Bei ausgebautem Vorderrad nie die Bremse ziehen**, weil dadurch die Bremskolben im Bremssattel aus ihren Sitzen gedrückt werden. Beim Einbau des Vorderrades auf die **richtige Lage des Tachoantriebs** achten. Die Mitnehmerklauen müssen in die Aussparungen der Radnabe eingreifen. Ist dies nicht der Fall, würden sie beim Festziehen der Achse gequetscht und der Tachoantrieb wäre beschädigt. Auch die Rille am Tachometer-Antriebsgehäuse muß richtig in den Vorsprung am Gabelrohr greifen, ansonsten würde sich bei montiertem Vorderrad das komplette Gehäuse mitdrehen und die Tachowelle abreißen.

Ein einmal ausgebautes Rad ist auch eine günstige Gelegenheit zur **Kontrolle der Radlager**. Zur Überprüfung einfach mit zwei Fingern in den Innenring fassen und diesen versuchen, zu bewegen. Defekt ist das Lager, wenn es sich insgesamt schwergängig oder hakelig drehen läßt, oder wenn der Innenring zu viel Spiel hat. Ein defektes Radlager kann nicht eingestellt, sondern nur noch erneuert werden. Im Fahrbetrieb macht sich ein defektes Radlager durch Pendeln des betroffenen Rades bemerkbar.

Die Käppchen auf den Reifenventilen sind weniger eine Verzierung als vielmehr ein Schutz vor Staub und Schmutz. Beim Radeinbau nach einem Reifenwechsel ist auf die richtige Lage des Tachoantriebs zu achten.

Lenkkopflager

Optimales Fahrverhalten hängt nicht zuletzt von einem intakten Lenkkopflager ab. Ist es zu fest, zu lose oder defekt, wirkt es sich negativ auf das Fahrwerk aus. Kippeliges, zielungenaues Fahrverhalten, besonders im unteren Geschwindigkeitsbereich, könnte seine Ursache in einem zu straffen oder defekten Lenkkopflager haben. Ein zu loses Lenkkopflager macht im Fahrbetrieb, zum Beispiel bei wechselnder Belastung, durch ein Klack-Geräusch auf sich aufmerksam.

Zur Kontrolle des Lenkkopflagers wird das **Vorderrad entlastet** und der **Lenker gefühlvoll hin und her bewegt**. Folgt er dieser Bewegung glatt und ohne Widerstand, ist alles in Ordnung. Rastet das Lenkkopflager in Geradeausstellung regelrecht ein, ist es defekt und muß erneuert werden.

Ein zu straff eingestelltes Lenkkopflager ist an der Schwergängigkeit, mit der die Lenkerbewegungen ausgeführt werden, zu erkennen. Ein loses Lenkkopflager läßt sich im Stand bei entlastetem Vorderrad durch leichtes Vor- und Zurückbewegen der Gabelholme erkennen.

Eine Vorderradentlastung läßt sich durch Kippen des Motorrads über den Seitenständer erreichen. Dazu gehört allerdings ein wenig Übung.

Wer sich das nicht zutraut, stellt eine stabile Kiste (z.B. eine leere Getränkekiste) unter den Motorblock. Dazu muß man allerdings zu zweit sein. Einer hebt das Motorrad hinten hoch, ein zweiter schiebt die Kiste unter den Motorblock.

Das Vorderrad läßt sich durch Kippen über den Seitenständer entlasten. Für länger dauernde Arbeiten empfiehlt es sich, z.B. eine leere Getränkekiste so unter den Motorblock zu schieben, daß das Motorrad einen sicheren Stand hat. Lassen sich die Gabelholme bei entlastetem Vorderrad mit spürbarem Spiel im Lenkkopf vor- und zurückbewegen, so deutet dies auf ein loses Lenkkopflager hin.

 üge & Hebel

Wer in regelmäßigen Abständen mit einer Dose Universal-Kriechöl um sein Motorrad herumläuft und die beweglichen Teile besprüht, kann sicher sein, daß sein Fahrspaß nicht durch lästige Quietschgeräusche getrübt wird. Aber auch Kupplung- und Gaszüge wissen einen Spritzer Öl zwischen Zug und Außenhülle zu schätzen und danken mit Leichtgängigkeit und längerer Lebensdauer.

Mit einem Klecks aus der Fettdose können auch die Nippel von Gas- und Kupplungszug und die Lagerbolzen des Brems- und Kupplungshebels ihr Bedürfnis nach ständiger Schmierung stillen.

Überall dort, wo Schmiereffekt am Ort notwendig ist (wie Nippel und Bolzen) kommt Fett zum Einsatz, weil es haftet und nicht wegfließt. Dort, wo gerade eine Verteilung

gewünscht wird (Züge, Gestänge), ist Kriechöl die richtige Wahl.

Sind nun, obwohl die Leichtgängigkeit der Züge und Hebeleien durch diese Vorarbeit garantiert ist, Schmerzen in Hand- oder Fußgelenk zu beklagen, liegt das meist an falsch eingestellten Griffarmaturen: Ein zu steiler Winkel von Hand zu Handgelenk macht sich oft schon nach wenigen Kilometern bemerkbar. **Die Stellung der Handgelenke zur Hand hin sollte möglichst flach sein.** Auch der Fuß auf dem Bremspedal sollte in Ruhestellung nicht angewinkelt nach

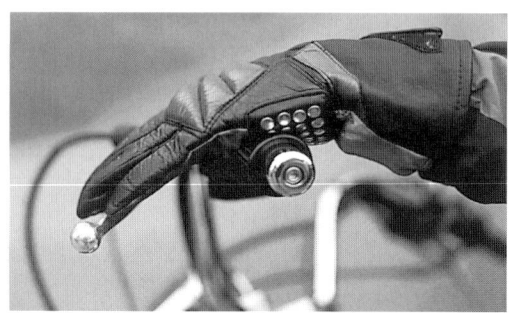

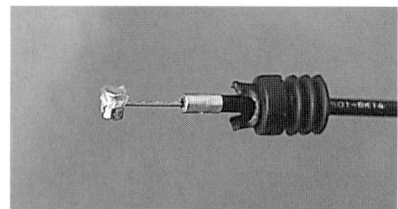

Züge, Nippel und Bolzen danken regelmäßige Schmierung es mit Leichtgängigkeit und längerer Lebensdauer.

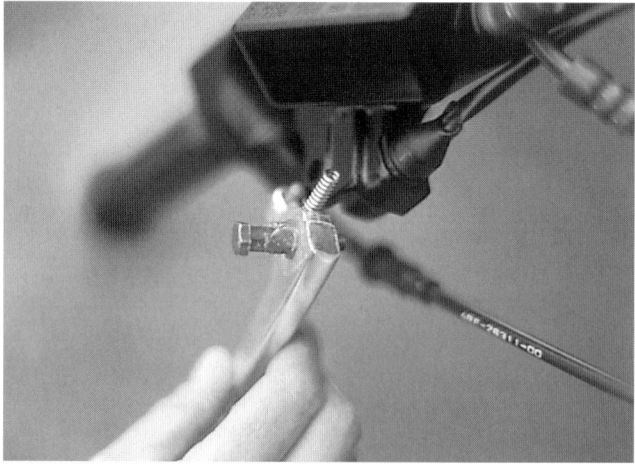

Ein möglichst flacher Winkel von Hand und Handgelenk verspricht schmerzfreien Fahrspaß. Hebeleien und Armaturen lassen sich individuell einstellen.

oben zeigen. **Ein rechter Winkel von Fuß zu Bein** garantiert ein angenehmes Fahren.

Zum Einstellen der Kupplungsarmatur wird die Klemmschraube gelöst, das komplette Griffelement in die gewünschte Richtung, also meist nach unten, gedreht, und anschließend festgeschraubt. Zum Einstellen des Fußbremshebels wird die Kontermutter der Anschlagschraube gelöst. Sie kann durch Vor- und Zurückdrehen den Bremshebel in die richtige Position bringen. Dann die Kontermutter wieder festziehen.

Der Schalthebel muß im Leerlaufzustand in einer Flucht mit der Fußraste liegen. Ist dies nicht der Fall, wird die Kontermutter vom Gestänge gelöst und durch Drehen am Gestänge die Stellung des Schalt- hebels korrigiert. Zum Abschluß die Kontermutter wieder anziehen.

Richtig: Bein und Fuß stehen fast im rechten Winkel zueinander. So ruht der Fuß entspannt auf der Raste.

Falsch: Der Fuß ist zu stark angewinkelt. Das ist der Durchblutung nicht dienlich und führt zu Verspannungen.

Auch die Position von Brems- und Schalthebel läßt sich individuell anpassen.

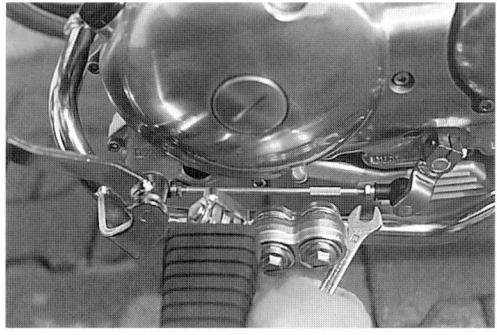

Bremsen

Ein wichtiges Bauteil, das des öfteren einer Sicht-und Funktionskontrolle unterzogen werden sollte. Die XV-Modelle sind vorne mit einer Scheibenbremse ausgestattet, hinten mit einer Trommelbremse.

VORDERRADBREMSE

Zur regelmäßigen Kontrolle der Bremsanlage gehört das **Überprüfen des Bremsflüssigkeitsstandes** im Ausgleichsbehälter der hydraulisch betätigten Scheibenbremse.

Der Ausgleichsbehälter für die Bremsflüssigkeit ist mit einem Schauglas und einer Markierung ausgestattet. Zur Kontrolle Lenker in Geradeausstellung bringen. Fehlt Bremsflüssigkeit oder ist sie gar bis aufs unterste Niveau (Strich) abgesunken, nicht einfach neu nachfüllen. Sinkt nämlich der Stand der Bremsflüssigkeit ab, ist dies auch ein Zeichen für das Abnutzen der Bremsbeläge. Durch das Dünnerwerden der Bremsbeläge vergrößert sich das Volumen im geschlossenen hydraulischen System, das heißt, die Bremsflüssigkeit hat mehr Platz.

Bremsbeläge sollten mindestens 1,0 Millimeter dick sein. Um die Verschleißgrenze besser erkennen zu können, sind die Bremsbeläge der XV-Modelle (außer XV 125 u. 250) mit einer Nut versehen. Bei gezogener Bremse ist die Nut über ein am Bremssattel ausgespartes Loch in der Abdeckung zu erkennen. Ist der Belag noch gut, kann Bremsflüssigkeit aufgefüllt werden.
Immer die vom Hersteller vorgeschriebene Bremsflüssigkeit verwenden! Das Mischen unterschiedlicher Sorten kann chemische Vorgänge hervorrufen, die die Bremsleistung beeinträchtigen können. Immer darauf achten, daß keine Spritzer auf Lack oder Plastikteile, Haut oder Kleidung gelangen. Bremsflüssigkeit ist ätzend und hinterläßt unschöne Flecken.

Achtung: Wer die Bremsbeläge zu weit abfährt, riskiert ein eventuelles Versagen der Bremsanlage. Auch eine Reparatur wird teurer, da die Metallplatte, auf die der Bremsbelag aufgeklebt ist, mit der Bremsscheibe in Berührung kommt. Das gibt irreparable Riefen in der Scheibe, die dann erneuert werden muß.

Bremsflüssigkeit kann auch alt werden. Sie nimmt mit der Zeit Wasser auf, das setzt den Siedepunkt herab. Da kann es schon mal vorkommen, daß bei flotter Fahrweise, bei der die Bremse sehr oft zum Einsatz kommt, ins Leere gegriffen wird. Deshalb ist es wichtig, die **Bremsflüssigkeit nach 20.000 Kilometern, spätestens jedoch alle zwei Jahre komplett zu wechseln**. Auch die Bremsschläuche können an altersbedingten Ermüdungserscheinungen leiden. Deshalb ab und an eine Sichtkontrolle der Bremsschläuche, die uns von ihrer Dichtheit überzeugt. Yamaha empfiehlt, die Schläuche alle vier Jahre zu erneuern.

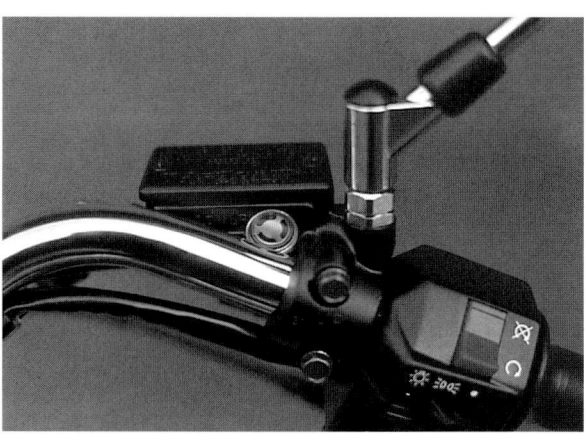

Für die erste Sichtkontrolle: Schauglas im Bremsflüssigkeitsbehälter gibt Auskunft über den Stand der Bremsflüssigkeit.

HINTERRADBREMSE

Die mechanisch über ein Gestänge zu betätigende Hinterrad-Trommelbremse bedarf aus Sicherheits- und Funktionsgründen ebenfalls in regelmäßigen Abständen einer Kontrolle. Wird der Weg zu lang, den der Fahrerfuß zurücklegen muß, bis eine Bremswirkung eintritt, kann die Trommelbremse nachgestellt werden.

Aber auch hier muß auf die Verschleißgrenze der Beläge geachtet werden, um die Funktion der Bremse nicht zu beinträchtigen und die Bremstrommel zu beschädigen. Der hintere Bremshebel, der auf der verzahnten Nocke des Bremsdeckels sitzt, ist mit einer Verschleißanzeige ausgestattet. Zur Verschleißkontrolle den Fußbremshebel mit der Hand betätigen und überprüfen, ob die Anzeige innerhalb der auf dem Deckel gekennzeichneten Verschleißgrenze liegt.

Ist dies nicht der Fall, müssen die Beläge gewechselt werden. Bei einem Wert, der innerhalb der Markierung liegt, kann die Bremse an der dafür vorgesehen Rändelmutter nachgestellt werden. Achtung: **immer etwa zwei Millimeter Spiel lassen**. Also die Bremse nicht so weit nachstellen, daß die Beläge schon ohne Betätigung des Brems-

hebels anliegen. Wird darauf nicht geachtet, erhitzt die Bremse zu stark und läßt in ihrer Wirkung nach. Ein sehr starkes Erhitzen kann überdies zum Blockieren der Bremse führen.

Zur Kontrolle das freistehende Hinterrad drehen. Nichts darf schleifen. Nun mit der Hand den Fußbremshebel langsam betätigen. So läßt sich der Weg bis zum Einsetzen der Bremswirkung erkennen.

Rändelmutter zum Einstellen der Hinterradbremse. Unten die Verschleißanzeige an der hinteren Bremstrommel.

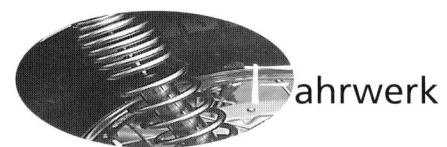 Fahrwerk

Glückliche Besitzer eines neuen Motorrades können bei Fahrwerksproblemen Verschleißerscheinungen wie defekte Lenkkopf- oder Radlager mit ziemlicher Wahrscheinlichkeit ausschließen. Aber auch neue Motorräder kommen einmal in die Jahre…

Das Wissen über die Zusammenhänge der einzelnen Fahrwerkskomponenten vereinfacht die Fehlersuche, und beim Besuch in der Fachwerkstatt helfen detaillierte Auskünfte dem Mechaniker.

Funktioniert das Fahrwerk nicht zur Zufriedenheit, obwohl alle für das Fahrverhalten unmittelbar verantwortlichen Faktoren wie Räder, Reifen, Luftdruck und Lenkkopflager durchgecheckt und richtig eingestellt sind, ist die Grundeinstellung der Feder- und Dämpferelemente zu überprüfen. Viele Einstellmöglichkeiten gibt es allerdings für uns XV-FahrerInnen nicht.

An der von Haus aus komfortablen Dämpfung der Telegabel kann nichts eingestellt werden. An den Federbeinen läßt sich die Federvorspannung einstellen. Bei Ein-Mann-Betrieb und gemächlichem Fahrtempo ergeben sich aus der Grundeinstellung keine Nachteile. Mit Sozius oder hoher Zuladung kann es jedoch sein, daß trotz richtiger Einstellung der Federvorspannung das Federbein durchschlägt. Im Fahrbetrieb macht sich dies durch harte Stöße von hinten bemerkbar, oft als zu harte Federung fehlinterpretiert. Sie werden auf das gesamte Motorrad übertragen und können zu Pendelbewegungenführen.

Steht man vor solch einer Problematik, bleibt nur noch der Gang zum Zubehörhandel. Die Firmen Koni und Hagon bieten solide Alternativen. Sportlich angehauchte Fahrer sollten beim Umrüsten gleich an den Einbau strafferer Gabelfedern denken, z.B. von WP.

Für Fahrer, die die Nähe zum Boden lieben, bietet Hagon kürzere Federbeine an, die die Sitzhöhe um etwa vier Zentimeter verringern.

Mit dem Hakenschlüssel aus dem Bordwerkzeug läßt sich die Federvorspannung der Federbeine verändern. Dies empfiehlt sich bei größerer Zuladung. Natürlich müssen beide Federbeine die gleiche Vorspannung aufweisen.

Kettenpflege

Während alle Besitzer einer Virago größeren Hubraums sich an den Segnungen eines wartungsarmen Kardans erfreuen können, wird bei XV 250 und XV 125 das Hinterrad von einer pflegebedürftigen Kette angetrieben. Läßt man der Kette nicht genug Pflege zukommen, leidet die Lebensdauer erheblich. Regelmäßiges Spannen und Schmieren der Kette danken überdies auch Kettenrad und Ritzel mit einer längeren Lebensdauer.

Zur Kontrolle des Kettendurchhangs das Motorrad auf den Seitenständer stellen. Dann am unteren Kettenstrang, in der Mitte zwischen Getriebeausgang (Ritzel) und Hinterrad einen Punkt fixieren und die Kette nach oben drücken. Dieser dabei entstehende Wert ist der Kettendruchhang, im Volksmund auch Kettenspiel genannt. Der korrekte Wert des Kettenspiels steht im Fahrerhandbuch. Man kann jedoch grundsätzlich von 2 bis 3 Zentimetern ausgehen.

Um das Kettenspiel korrekt einstellen zu können, wird zuerst die Hinterradachse gelöst. Erst dann bewegen sich die Kettenspanner in ihren Führungen. Wichtig dabei ist, daß **beide Kettenspanner gleich eingestellt werden**, damit das Hinterrad nicht aus der Spur läuft. Nach dem Festziehen der Achse das Hin-

terrad einige Umdrehungen bewegen, und erneut die Kettenspannung überprüfen. Nicht zuviel Kettenfett aufsprühen, dafür lieber weniger in kürzeren Abständen. Denn das überschüssige Kettenfett

wird von der Kette geschleudert und landet auf der Hinterradfelge. Zusammen mit dem Straßenstaub ergibt das einen zähen, schmierigen Belag, der nur schwer zu entfernen ist.

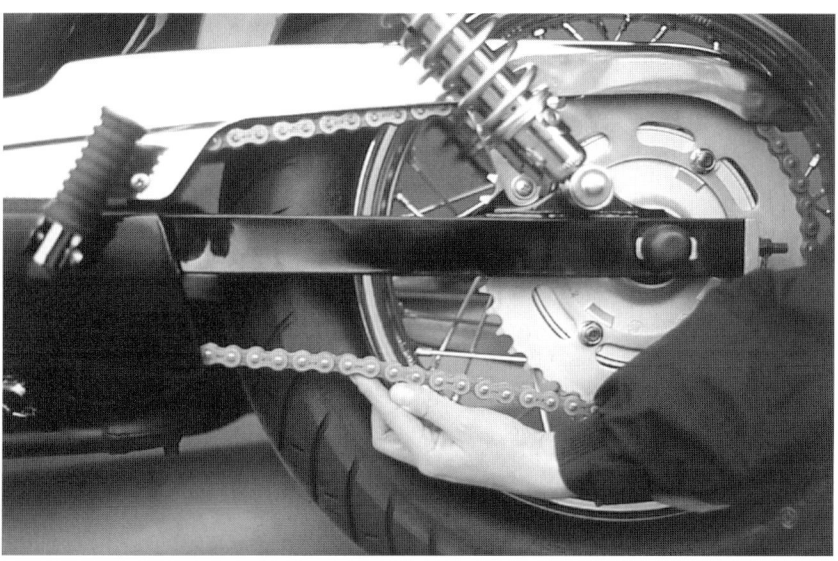

Prüfen des Kettendurchhangs: Er sollte etwa 2 bis 3 Zentimeter betragen. Beim Verändern des Kettenspiels auf identische Einstellung der Kettenspanner auf beiden Seiten achten.

Schmierstoffe

MOTORÖL KONTROLLIEREN UND WECHSELN

Zur Kontrolle des Ölstandes das Motorrad auf eine ebene Fläche stellen. Damit man einen prüfenden Blick auf das Schauglas werfen kann, das ziemlich weit unten am Motor eingelassen ist, sollte eine zweite Person das Motorrad vom Seitenständer nehmen, es gerade hinstellen und festhalten. Alleine wird dies zu einem Balanceakt, der leicht schiefgehen kann.

Den Ölstand nicht sofort nach Abstellen des Motors überprüfen. Das Motoröl braucht immer einige Minuten, um ins Kurbelgehäuse zurückzulaufen. Also kurze Zeit warten und dann einen Blick aufs Schauglas werfen. Es gibt zwei Markierungen. Eine Höchststand- und eine Tiefstand-Markierung. Ist der Stand zu niedrig, kann Öl nachgefüllt werden. Aber nicht gleich übermütig werden und einen ganzen Liter nachfüllen. Denn ein Zuviel an Öl muß wieder abgelassen werden. Am besten füllt man in Viertel-Liter-Schritten nach.

Steht ein Motoröl- und Filterwechsel an, sollte der Motor zuvor einige Minuten gelaufen sein. Denn warmes Öl ist dünnflüssiger und läuft besser ab. Nach dem Abstellen des Motors dafür sorgen, daß das Mo-

torrad einen aufrechten, sicheren Stand hat. Dann ein Ölauffanggefäß unter die Ablaßschraube stellen und die Schraube herausdrehen. Diese ist mit einem Magnet ausgestattet, an dem metallische Abriebteile hängenbleiben. Diese sind im Normalfall sehr fein. Finden sich gröbere Teile, sollten diese dem Yamaha-Händler gezeigt werden.

Denn sie können in Verbindung mit ungewohnten Motorgeräuschen auf einen Defekt hindeuten.

Zum Wechseln des Ölfilters eine Ölauffangwanne unterstellen, den Deckel abschrauben und den Ölfilter herausnehmen. **Beim Einbau des neuen Filters auf die Einbaurichtung achten**. Die Ölfilter

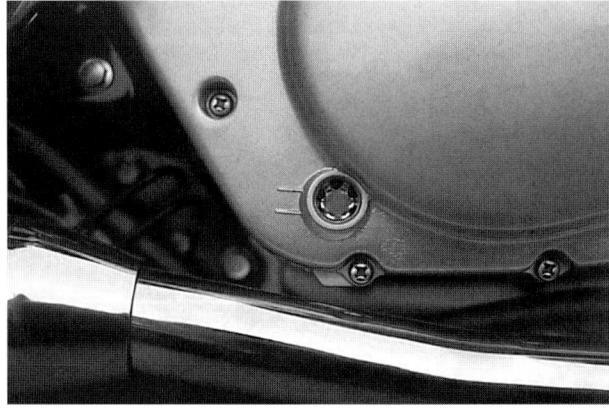

Schauglas zur Kontrolle des Motorölstands. Eine Beurteilung ist nur bei gerade stehendem Motorrad möglich.

Stutzen zum Einfüllen des Motoröls. Öl nur in kleinen Mengen nachfüllen, denn was zuviel ist, muß wieder abgelassen werden.

sind entsprechend gekennzeichnet. Den neuen O-Ring in den Filterdeckel einsetzen. Zuvor den Deckel mit einem Lappen reinigen. Auch die Auflagefläche des Deckels reinigen. Ölfilterdeckel und Motoröl-Ablaßschraube wieder festziehen. Die Anzugsdrehmomente, also wie fest die Schrauben zugedreht werden müssen, stehen im Fahrerhandbuch. Allerdings benötigt man dann auch einen Drehmomentschlüssel. Mit viel Gefühl und etwas

Erfahrung können die Schrauben aber auch von Hand festgezogen werden.

Nun die vorgeschriebene Menge Öl – auch die ist im Fahrerhandbuch angegeben – wieder einfüllen. Achtung, es gibt zwei Ölmengen-Angaben im Fahrerhandbuch: einmal mit Filterwechsel, einmal ohne.

Bei der XV 535 verbirgt sich hinter diesem Deckel der Ölfilter

KARDANÖL KONTROLLIEREN UND WECHSELN

Zur Kontrolle des Kardanölstandes das Motorrad aufrecht auf einer ebenen Fläche abstellen. Das Öl im Kardan braucht längere Zeit, um sich zu sammeln. Nun die Öleinfüllschraube am Kardan herausdrehen. Reicht der Ölstand nicht bis zum Rand der Öffnung muß, am besten unter Zuhilfenahme eines kleinen Trichters, Öl eingefüllt werden.

Zum Wechseln des Kardanöls eine Ölwanne unter die Ablaßschraube stellen. Am besten noch einen Lappen auf die untere Hälfte des Rades zum Schutz von Reifen und Felge legen. Öleinfüll- und Ölablaßschraube herausdrehen, warten, bis alles Öl herausgelaufen ist, dann

die Ablaßschraube wieder gefühlvoll eindrehen. Die vorgeschriebene Menge Kardan-Öl – Art und Menge stehen im Fahrhandbuch – bis zum Rand der Öffnung einfüllen. Einfüllschraube wieder festziehen. Achtung: Immer nachprüfen, ob alle Schrauben fest sitzen und sicherstellen, daß nirgendwo Öl austritt.

Ölstand im Kardangehäuse: Randvoll ist gut.

Zündkerzen

Die Zündkerzen sollten in regelmäßigen Abständen überprüft werden. Der Kenner kann anhand des Aussehens und der Verfärbung der Zündkerze auf den Motorzustand schließen. Normalerweise sollten alle Zündkerzen eines Motors die gleiche hellbraune Farbe auf Porzellanisolator und Mittelelektrode aufweisen.

Werden häufig Kurzstrecken gefahren, kann es auch vorkommen, daß die Zündkerze schwarz ist. Ist das Startverhalten gut und sind auch während der Fahrt weder Ruckeln noch Aussetzer zu beklagen, ist das schwarze Kerzenbild nicht so tragisch. Hat das Motorrad aber einen der oben beschriebenen Mängel, ist es ratsam, den Yamaha Händler

aufzusuchen, um eine Zündkerze mit einem niedrigeren Wärmewert einzubauen. Aber Vorsicht! **Nie ohne Rücksprache mit dem Händler Zündkerzen mit anderem als dem vorgeschriebenen Wärmewert verwenden**. Bei eventuellen Motorschäden kann dann der Garantieanspruch erlöschen.

Der Elektrodenabstand der Zündkerze sollte regelmäßig überprüft werden, weil Verbrennungswärme und Ölkohleablagerungen langsam zum Verschleiß führen. Sind die Elektroden übermäßig abgebrannt, muß die Zündkerze erneuert werden. Bei übermäßigen Ölkohleablagerungen sollte, ebenfalls in Absprache mit dem Händler, eine

neue Zündkerze mit geeignetem Wärmewert eingebaut werden. Stimmt das Kerzenbild und zeigen die Elektroden keine Verschleißerscheinungen, kann der Elektrodenabstand eingestellt werden.

Den richtigen Wert findet man im Fahrerhandbuch. Meistens liegt er bei 0,7 bis 0,8 Millimeter. Gemessen wird der Elektrodenabstand mit einer Fühlerlehre. Hat man keine zur Hand, kann man den Fingernagel zwischen die Elektroden schieben und erhält ungefähr den vorgeschriebenen Elektrodenabstand.

Beim Ausbauen der Zündkerzen **nie an dem Kabel ziehen**, um den Zündkerzenstecker von der Zündkerze zu entfernen. Immer di-

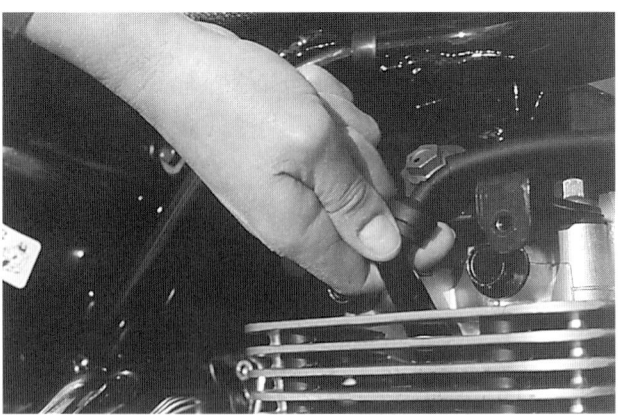

rekt am Kerzenstecker ziehen, damit sich das Kabel nicht vom Stecker löst und so – mangels Kontakt – zu Motoraussetzern führt.

Mit dem Zündkerzenschlüssel aus dem Bordwerkzeug wird die Zündkerze herausgeschraubt. Vor dem Einbau der Zündkerze die Dichtungsfläche an der Kerze und das Gewinde reinigen. Um ein „Festbacken" der Kerzen im Zylinderkopfgewinde zu vermeiden, wird vor dem Einbau das Kerzengewinde mit Kupferpaste bestrichen. Dann die Zündkerze in den Kerzenstecker-Schlüssel einstecken und – wichtig! – mit der Hand einschrauben. Sie sollte laut Fahrerhandbuch mit einem vorgeschriebenen Anzugsmoment festgezogen werden.

Aber wer hat schon immer einen Drehmomentschlüssel zur Hand? Aber es geht auch ohne – indem die Zündkerze nach dem Festdrehen mit der Hand mit dem Kerzenschlüssel noch eine viertel bis halbe Umdrehung nachgezogen wird. Dann den Zündkerzenstecker wieder fest aufdrücken, so daß ein Ratschen zu hören ist – dann sitzt er richtig.

Und noch was zum Schluß: Zündkerzen immer bei kaltem Motor kontrollieren, denn das Gewinde im Zylinderkopf ist sehr empfindlich und kann leicht überdreht werden, wenn der Motor noch warm ist.

Ob das Kraftstoffgemisch im Motor optimal verbrannt wird, sagt uns das Kerzenbild. Kontrolle der Zündkerzen gehört deshalb zu den Routine-Angelegenheiten. Trotzdem die nötige Vorsicht walten lassen, besonders beim Einschrauben der Kerzen, denn schnell ist das Gewinde im Motorengehäuse ruiniert.

 # Luftfilter

Der Luftfilter, zuständig für die Reinigung der Luft, die über den Vergaser in den Motor gelangt, sollte regelmäßig gereinigt werden. Grobe und feine Schmutzteile werden vom Luftfilter aufgefangen. Ist der Filter „verstopft", stimmt das Verhältnis im Kraftstoff-Luftgemisch nicht mehr, und der Motor braucht entweder mehr Benzin oder läuft nicht mehr richtig.

Wird das Motorrad häufig unter nassen oder staubigen Bedingungen gefahren, ist es ratsam, den Luftfilter öfter zu überprüfen. Sitzt der Papierluftfilter wie bei der XV 535 unter dem Tank, muß zuerst die Sitzbank und dann der Tank abgeschraubt werden. Dann den Tank so weit anheben, daß das Luftfiltergehäuse abgeschraubt werden kann. Aber Vorsicht! Nicht zu weit, sonst kann der Benzinschlauch vom Tank abgezogen werden. Den Tank mit einem Holzstiel oder etwas ähnlichem unterlegen und den Luftfiltergehäuse-Deckel abschrauben. Den Luftfilter herausnehmen und ausklopfen. Noch besser: mit einer Preßluftpistole (sofern vorhanden) von außen nach innen durchblasen. Auch das Luftfiltergehäuse vorsichtig mit einem ölgetränkten Lappen reinigen. Sind die Papierlamellen des Luftfilters noch von heller Farbe – entweder weiß oder hellorange – muß der Luftfilter nicht gewechselt werden. Sehen die Lamellen jedoch schmutzig aus,

wäre ein Austausch besser. Beim Einbau darauf achten, daß die Kante des Luftfilterelements in die entsprechende Nut des Filtergehäuses paßt.

Auch beim Festschrauben des Tanks auf die richtige Lage der Benzinschläuche achten. Sie dürfen nicht gequetscht werden. Die Gummiteile zur Tankbefestigung nicht vergessen – das sind Vibrationsdämpfer, die Klappergeräusche des Tanks bei der Fahrt verhindern.

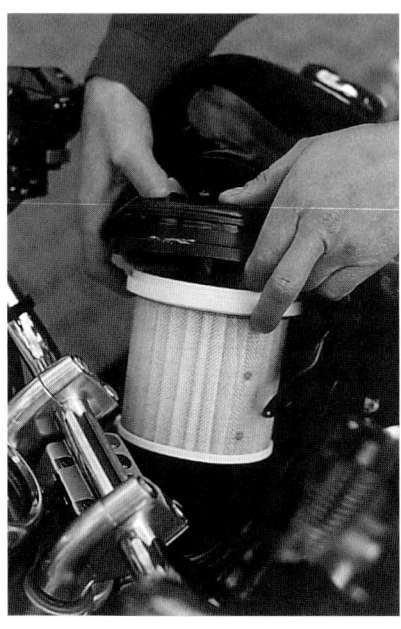

Luftfilterreinigung läßt den Motor wieder freier atmen. Bei Einsätzen in staubiger Luft häufiger kontrollieren.

VIRAGO

Technische Daten

Virago XV 125

Präsentationsjahr: 1996
Preis bei Vorstellung: 5.750,- DM
Insgesamt zugelassen: k.A.
Farbversionen: Rot, Schwarz

MOTOR

Bohrung x Hub: 41 x 47 mm
Hubraum: 124 ccm
Verdichtungsverhältnis: 10,7 : 1
Kühlung: fahrtwindgekühlt
Zylinderwinkel: 60°-V
Kurbelwelle: 2-fach gleitgelagert
Nockenwelle: sohc
Nockenwellenantrieb: Rollenkette
Ventile: 2 je Zylinder
Ventilbetätigung: Kipphebel
Vergaser: Mikuni, ein Fallstromvergaser
Durchlaß: 26 mm
Luftfilter: Trockenluftfilter
Getriebeübersetzung: 2,643 / 1,684 / 1,261 / 1,000/ 0,821
Kupplung: Mehrscheiben-Ölbadkupplung
Hinterradantrieb: Kette
Leistung n. Importeur: 11,4 PS bei 8.500/min
Drehmoment n. Importeur: 9,4 Nm bei 8.500/min

Inspektionsintervalle: Inspektion alle 6000 km

FAHRWERK

Rahmen: Doppelschleifen-Rohrrahmen aus Preßstahl und Stahlrohr
Telegabel: hydraulisch gedämpft
Federweg: 140 mm
Dämpferöl-Füllmenge in ccm: 243 ccm, SAE 10
Standrohr-ø: 33 mm
Einstellmöglichkeiten Federbasis: –
Einstellmöglichkeiten Druckstufe: –
Einstellmöglichkeiten Zugstufe: –
Hinterradschwinge: Stahlrohrschwinge
Federbein: Stereo-Federbeine

Federweg: 100 mm
Einstellmöglichkeiten Federbasis: 5-fach
Einstellmöglichkeiten Druckstufe: –
Einstellmöglichkeiten Zugstufe: –
Bremse vorn: geschlitzte 267 mm-Einzel-Scheibenbremse mit Zweikolbensattel
Bremse hinten: 130 mm-Trommelbremse, gestängebetätigt

MASSE

Leergewicht (vollgetankt): 139 kg
Radstand: 1488 mm
Lenkkopfwinkel: 58°
Nachlauf: 120 mm
Sitzhöhe: 685 mm
Tankinhalt: 9,5 Liter

SPEED

0-100 km/h: 16,2 s
400 m in: 23,5 s

Topspeed: 107 km/h

RÄDER UND REIFEN *

Felgen: Drahtspeichenräder mit Stahlfelgen
Größe: 1.6 x 18, 2.75 x 15

ABE in Seriengröße:
MARBELLA   3.00 - 18 4 PR NF 2
130/90 - 15 66P NR 31

Freigabe in Seriengröße:
BRIDGESTONE   3.00 - 18 L 303
130/90 - 15 69P G 508

Freigabe in weiteren Größen:
CONTINENTAL 3.00 - 18 52 S TK 22 RC
                        140/90 - 15 70 S TKH 24

PIRELLI   3.00 - 18 52 P MT 65
                   140/90 - 15 M/C 70 H MT 68

* Liste erhebt keinen Anspruch auf Vollständigkeit, da fortwährend neue ABE´s und Freigaben erteilt werden.

Virago XV 250

MODELL

Jahrgangscode: 3 LW; 3 LS
Präsentationsjahr: 1988
Preis bei Vorstellung: 5.750,- DM
Insgesamt zugelassen: 3 LS: 239; 3 LW: 5620 (Stand:'96)
Farbversionen: Rot, Schwarz, Blau

MOTOR

Bohrung x Hub: 49 x 66 mm
Hubraum: 248 ccm
Verdichtungsverhältnis: 10,0 : 1
Kühlung: fahrtwindgekühlt
Zylinderwinkel: 60°-V
Kurbelwelle: 2fach gleitgelagert
Nockenwelle: sohc
Nockenwellenantrieb: Rollenkette
Ventile: 2 je Zylinder
Ventilbetätigung: Kipphebel
Vergaser: Mikuni, ein Fallstromvergaser
Durchlaß: 26 mm
Luftfilter: Trockenluftfilter
Gesamtübersetzung: 23,3 / 14,8 / 11,1 / 8,8 / 7,2
Kupplung: Mehrscheiben-Ölbadkupplung
Hinterradantrieb: Kette
Leistung n. Importeur: 17 PS bei 7000/min
Drehmoment n. Importeur: 20 Nm bei 5000/min
Drosselung durch: Nockenwellen
Leistung ohne Drossel: 22 PS bei 8000/min
Drehmoment ohne Drossel: 21 Nm bei 6500/min
Inspektionsintervalle: Inspektion alle 6000 km

FAHRWERK

Rahmen: Doppelschleifen-Rohrrahmen aus Preßstahl und Stahlrohr
Telegabel: hydraulisch gedämpft
Federweg: 140 mm
Dämpferöl-Füllmenge in ccm: 243 ccm, SAE 10
Standrohr-ø: 33 mm
Einstellmöglichkeiten Federbasis: –
Einstellmöglichkeiten Druckstufe: –
Einstellmöglichkeiten Zugstufe: –
Hinterradschwinge: Stahlrohrschwinge
Federbein: Stereo-Federbeine

Federweg: 100 mm
Einstellmöglichkeiten Federbasis: 5-fach
Einstellmöglichkeiten Druckstufe: –
Einstellmöglichkeiten Zugstufe: –
Bremse vorn: geschlitzte 267 mm-Einzel-Scheibenbremse mit Einkolben-Schwimmsattel, ab '95 Zweikolbensattel
Bremse hinten: 130 mm-Trommelbremse, gestängebetätigt

MASSE

Leergewicht (vollgetankt): 147 kg
Radstand: 1488 mm
Lenkkopfwinkel: 58°
Nachlauf: 120 mm
Sitzhöhe: 685 mm
Tankinhalt: 9,5 Liter

SPEED

0-100 km/h: 11,2 s
400 m in: 17,5 s
60-100 km/h im letzten Gang: 10,4 s
60-120 km/h im letzten Gang: 18,0 s
Topspeed: 124 km/h

RÄDER UND REIFEN *

Felgen: Drahtspeichenräder mit Stahlfelgen
Größe: 1.6 x 18, 2.75 x 15
ABE in Seriengröße (3 LW / 3 LS):
MARBELLA   3.00 - 18 4 PR NF 2
130/90 - 15 66P NR 31

Freigabe in Seriengröße:
BRIDGESTONE   3.00 - 18 L 303
130/90 - 15 69P G 508

Freigabe in weiteren Größen:
CONTINENTAL 3.00 - 18 52 S TK 22 RC
             140/90 - 15 70 S TKH 24

PIRELLI   3.00 - 18 52 P MT 65
             140/90 - 15 M/C 70 H MT 68

Virago XV 535

Jahrgangscode: 3 BR; 3 BT (1.Jg., für weitere vgl. Textteil)
Präsentationsjahr: 1987
Preis bei Vorstellung: 6.745,- DM
Insgesamt zugelassen: 3 BR: 8266; 2 YL: 27398
Farbversionen: Schwarz; Effektblau; Brillantrot/Silber;
Goldmetallic; Anthrazit (DX)

MOTOR

Bohrung x Hub: 76 x 59 mm
Hubraum: 535 ccm
Verdichtungsverhältnis: 9,0:1
Kühlung: fahrtwindgekühlt
Zylinderwinkel: 70°-V, 290° Zündversatz
Kurbelwelle: 2-fach gleitgelagert
Nockenwelle: sohc
Nockenwellenantrieb: Rollenkette
Ventile: 2 je Zylinder
Ventilbetätigung: Kipphebel
Vergaser: 2 Mikuni-Gleichdruckvergaser
Durchlaß: 34 mm
Luftfilter: Naßluftfilter
Gesamtübersetzung: 16,2 / 11,3 / 8,7 / 6,9 / 5,8
Kupplung: Mehrscheiben-Ölbadkupplung
Hinterradantrieb: Kardan
Leistung n. Importeur: 27 PS bei 6000/min; 34 PS bei 7000/min
Drehmoment n. Importeur: 41 Nm bei 3000/min;
42 Nm bei 4000/min
Drosselung durch: Original: Nockenwellen;
Nachrüstkit: Ansaugstutzen, Vergaserblenden
Leistung ohne Drossel: 46 PS (44) bei 7500/min
Drehmoment ohne Drossel: 47 Nm (46) bei 6000/min
Inspektionsintervalle: Inspektion alle 6000 km

FAHRWERK

Rahmen: Preßstahl-Rahmen, Motor mittragend, Vorderteil mit
Profilblech, Rahmenheck aus Stahlrohren
Telegabel: hydraulisch
Federweg: 150 mm
Dämpferöl-Füllmenge in ccm: 228 ccm, SAE 10
Standrohr-ø: 36 mm
Einstellmöglichkeiten Federbasis: –
Einstellmöglichkeiten Druckstufe: –
Einstellmöglichkeiten Zugstufe: –
Hinterradschwinge: Stahlrohrschwinge
Federbein: Stereo-Federbeine

Federweg: 85 mm
Einstellmöglichkeiten Federbasis: 5-fach
Einstellmöglichkeiten Druckstufe: –
Einstellmöglichkeiten Zugstufe: –
Bremse vorn: 298 mm-Einzel-Scheibenbremse mit Einkolben-
Schwimmsattel, ab ´95: Doppelkolben-Schwimmsattel
Bremse hinten: 200 mm-Trommelbremse, gestängebetätigt

MASSE

Leergewicht (vollgetankt): 201 kg
Radstand: 1520 mm
Lenkkopfwinkel: 58,5°
Nachlauf: 125 mm
Sitzhöhe: 720 mm
Tankinhalt: 8,6 Liter; ab ´89: 13,5 Liter

SPEED

0-100 km/h: 7,8 s
400 m in: 16,1 s
60-100 km/h im letzten Gang: 11,6 s
60-120 km/h im letzten Gang: 17,2 s
Topspeed (sitzend): 146 km/h

RÄDER UND REIFEN

Felgen: Drahtspeichenräder mit Stahlfelgen
Größe: 1.85 x 19, 3.00 x 15

ABE in Seriengröße (2YL, 3BR):
Bridgestone   3.00 S - 19 49 S L-303
Mag Mopus   140/90 - 15 70S 508

Freigabe in Seriengröße:
Bridgestone   3.00 S - 19 49 S L-303 Mag Mopus
               140/90 - 15 70S Exedra G 524

DUNLOP   3.00 S - 19 S 49 S F 14
               140/90 - 15 70 S K 425

METZELER   3.00 - 19 S 49 S Perfekt ME 11
               140/90 - 15 70 S Perfect ME 77

MICHELIN   90/90 - 19 52 H, Tarmac
               140/90 - 15 70 H, Tarmac

PIRELLI   3.00 - 19 52 H Strada MT 69 E
               140/90 - 15 70 H Strada MT 68 E

Freigabe in weiteren Größen:
METZELER   3.00 - 19 49S ME 11
               150/90 B15 80H M/C TL Marathon ML 2

XVS 650 Drag Star

MODELL

Präsentationsjahr: 1996
Preis bei Vorstellung: 11.990,- DM
Insgesamt zugelassen: k.A.
Farbversionen: Orangemetallic/Violett, Blau/Silber, Schwarz

MOTOR

Bohrung x Hub: 81 x 63 mm
Hubraum: 649 ccm
Verdichtungsverhältnis: 9,0 : 1
Kühlung: fahrtwindgekühlt
Zylinderwinkel: 70°-V, 290° Zündversatz
Kurbelwelle: 2-fach gleitgelagert
Nockenwelle: sohc
Nockenwellenantrieb: Rollenkette
Ventile: 2 je Zylinder
Ventilbetätigung: Kipphebel
Vergaser: 2 Mikuni-Gleichdruckvergaser
Durchlaß: 28 mm
Luftfilter: Naßluftfilter
Getriebeübersetzung: 2,71 / 1,90 / 1,46 / 1,17 / 0.97
Kupplung: Mehrscheiben-Ölbadkupplung
Hinterradantrieb: Kardan
Leistung n. Importeur: 34 PS bei 6500/min
Drehmoment n. Importeur: 50 Nm bei 3000/min;
Drosselung durch: Original: Nockenwellen;
Nachrüstkit: Ansaugstutzen, Vergaserblenden
Leistung ohne Drossel: 40 PS bei 6500/min
Drehmoment ohne Drossel: 50,9 Nm bei 6000/min
Inspektionsintervalle: Inspektion alle 6000 km

FAHRWERK

Rahmen: Doppelschleifen-Stahlrohrrahmen
Telegabel: hydraulisch
Federweg: 140 mm
Dämpferöl-Füllmenge in ccm: k.A.
Standrohr-ø: 41 mm
Einstellmöglichkeiten Federbasis: –
Einstellmöglichkeiten Druckstufe: –
Einstellmöglichkeiten Zugstufe: –
Hinterradschwinge: Stahlrohrschwinge
Federbein: Stereo-Federbeine
Federweg: 86 mm
Einstellmöglichkeiten Federbasis: 5-fach
Einstellmöglichkeiten Druckstufe: –

Einstellmöglichkeiten Zugstufe: –
Bremse vorn: 268 mm-Einzel-Scheibenbremse mit
Doppelkolben-Schwimmsattel
Bremse hinten: 200 mm-Trommelbremse, gestängebetätigt

MASSE

Leergewicht (vollgetankt): 231 kg
Radstand: 1610 mm
Lenkkopfwinkel: 55°
Nachlauf: 153 mm
Sitzhöhe: 680 mm
Tankinhalt: 16 Liter

SPEED

0-100 km/h: 8,3 s (34 PS: 10,3)
400 m in: 18,2 s (21,1)
60-100 km/h im letzten Gang: 13,8 s (19,2)
60-120 km/h im letzten Gang: 17,2 s
Topspeed (sitzend): 140km/h (133)

RÄDER UND REIFEN

Felgen: Drahtspeichenräder mit Stahlfelgen
Größe: 2.50 x 19, 3.50 x 15

Reifengröße: 100/90 S 19 / 170/80 S 15

ABE in Seriengröße:

Innerhalb der Seriengrößen keine Reifenbindung

Unbedenklichkeitsbescheinigung für:

AVON   100/90 H 19 Avon AM20
              170/80 - 15 M/C 77 H Avon AM 21

XV 750 S.E.

MODELL

Jahrgangscode: 5G5
Präsentationsjahr: 1980
Preis bei Vorstellung: 8.695,- DM
Insgesamt zugelassen: 5G5: 3762
Farbversionen: Blaumetallic

MOTOR

Bohrung x Hub: 83 x 69,2 mm
Hubraum: 748 ccm
Verdichtungsverhältnis: 8,7:1
Kühlung: fahrtwindgekühlt
Zylinderwinkel: 75°-V, 285° Zündversatz
Kurbelwelle: 2-fach kugelgelagert
Nockenwelle: sohc
Nockenwellenantrieb: Rollenkette
Ventile: 2 je Zylinder
Ventilbetätigung: Kipphebel
Vergaser: 2 Hitachi HSC 40
Durchlaß: 36 mm;
Luftfilter: Trockenluftfilter
Gesamtübersetzung: 12,5 / 8,8 / 6,8 / 5,5 / 4,5
Kupplung: Mehrscheiben- Ölbadkupplung
Hinterradantrieb: Kardan
Leistung n. Importeur: 50 PS bei 6500/min
Drehmoment n. Importeur: 61 Nm bei 5000/min;
Drosselung durch: Nockenwellen
Leistung ohne Drossel: 55 PS bei 7000/min
Drehmoment ohne Drossel: 59 Nm bei 6000/min
Inspektionsintervalle: Inspektion alle 5000 km;
Inspektion alle 6000 km

FAHRWERK

Rahmen: Preßstahlrahmen mit angeschraubtem Heckteil, Motor mittragend
Telegabel: hydraulisch; 5G5: mit Luftunterstützung
Federweg: 150 mm
Dämpferöl-Füllmenge in ccm: 278 ccm; 396 ccm, SAE 10
Standrohr-ø: 36 mm
Einstellmöglichkeiten Federbasis: –
Einstellmöglichkeiten Druckstufe: –
Einstellmöglichkeiten Zugstufe: –
Hinterradschwinge: Stahlrohrschwinge
Federbein: luftunterstütztes Mono-Federbein; Stereo-Federbeine
Federweg: 100 mm

Einstellmöglichkeiten Federbasis: stufenlos;
Einstellmöglichkeiten Druckstufe: 6-fach
Einstellmöglichkeiten Zugstufe: –
Bremse vorn: 300 mm-Einzelscheibe mit Einkolbensattel;
Bremse hinten: 180 mm-Trommelbremse, gestängebetätigt;

MASSE

Leergewicht (vollgetankt): 227 kg
Radstand: 1520 mm
Lenkkopfwinkel: 60,3°
Nachlauf: 133 mm
Sitzhöhe: 760 mm
Tankinhalt: 12,5 Liter

SPEED

0-100 km/h: 5,6 s
400 m in: 14,0 s
60-120 km/h im letzten Gang: 12,6 s
60-140km/h im letzten Gang: 20,8 s
Topspeed: 164 km/h

RÄDER UND REIFEN

Felgen: Leichtmetallguß mit 5 Doppelspeichen
Größe: vorn: 1.85 x 19
hinten: 3.00 x 16

ABE in Seriengröße (5G5):
Bridgestone   3.50 H 19 4 PR
Mag Mopus   130/90 H 16

Freigabe in Seriengröße (5G5):
BRIDGESTONE   3.50 - 19 57H L 303
               130/90 - 16 67H G514

BRIDGESTONE   3.50 - 19 57H L 303
               130/90 - 16 67H BT 35 R

PIRELLI   3.50 H 19
               130/90 - 16 73H MT 68 TourAm

XV 1000 S.E. Midnight Special

MODELL

Jahrgangscode: 23 W
Präsentationsjahr: 1982
Preis bei Vorstellung: 10.355,- DM
Insgesamt zugelassen: 377 (Stand: Juni '96)
Farbversionen: schwarz/gold

MOTOR

Bohrung x Hub: 95 x 69,2 mm
Hubraum: 981 ccm
Verdichtungsverhältnis: 8,3:1
Kühlung: fahrtwindgekühlt
Zylinderwinkel: 75°-V, 285° Zündversatz
Kurbelwelle: 2-fach kugelgelagert
Nockenwelle: sohc
Nockenwellenantrieb: Rollenkette
Ventile: 2 je Zylinder
Ventilbetätigung: Kipphebel
Vergaser: 2 Hitachi HSC
Durchlaß: 36 mm
Luftfilter: Trockenluftfilter
Gesamtübersetzung: 11,7 / 8,3 / 6,4 / 5,1 / 4,6
Kupplung: Mehrscheiben-Ölbadkupplung
Hinterradantrieb: Kardan
Leistung n. Importeur: 68 PS bei 6500/min
Drehmoment n. Importeur: 81,2 Nm bei 5000/min
Drosselung durch: Original: Nockenwellen;
Nachrüstkit: Ansaugstutzen, Vergaserblenden
Inspektionsintervalle: Inspektion alle 6000 km

FAHRWERK

Rahmen: Preßstahl-Rahmen mit angeschraubtem Heck,
Motor mittragend
Telegabel: hydraulische Telegabel, luftunterstützt
Federweg: 150 mm
Dämpferöl-Füllmenge: 303 ccm, SAE 10
Standrohr-ø: 37mm
Einstellmöglichkeiten Federbasis: –
Einstellmöglichkeiten Druckstufe: 4-fach
Einstellmöglichkeiten Zugstufe: –
Hinterradschwinge: Stahlrohrschwinge
Federbein: Mono-Federbein, luftunterstützt
Federweg: 105 mm
Einstellmöglichkeiten Federbasis: –
Einstellmöglichkeiten Druckstufe: –

Einstellmöglichkeiten Zugstufe: –
Bremse vorn: 270 mm-Doppel-Scheibenbremse mit
Einkolben-Festsätteln
Bremse hinten: 170 mm-Trommelbremse, gestängebetätigt

MASSE

Leergewicht (vollgetankt): 240 kg
Radstand: 1520 mm
Lenkkopfwinkel: 60,5°
Nachlauf: 133 mm
Sitzhöhe: 745 mm
Tankinhalt: 14,5 Liter

SPEED

0-100 km/h: 5,1s
400 m in: 16,9 s
80-100 km/h im letzten Gang: 6,2 s
80-120 km/h im letzten Gang: 14,1 s
Topspeed: 180 km/h

RÄDER UND REIFEN

Felgen: Ashai-Gußräder

Größe: MT 1.85 x 19, MT 2.50 x 16

ABE in Seriengröße (23 W):
BRIDGESTONE 3.50 - 19
Mag Mopus   130/90 - 16

Freigabe in Seriengröße:
BRIDGESTONE 3.50 - 19 L 303 RW
             130/90 - 16 67 H G 514 RW

CONTINENTAL 100/90 - 19 TKV 11
             130/90 - 16 67V TKV 12

DUNLOP   3.50 H 19 4 PR F 11
             130/90 - 16 67 H K 427

PIRELLI   100/90 - 19 57 H TL MT 69
             130/90 - 16 67 H MT 68

XV 1000 Virago

Jahrgangscode: 2 AE
Präsentationsjahr: 1986
Preis bei Vorstellung: 11.588,- DM
Insgesamt zugelassen: 746 (Stand: Juni '96)
Farbversionen: Goldmetallic/Elfenbein

MODELL

Bohrung x Hub: 95 x 69,2 mm
Hubraum: 981 ccm
Verdichtungsverhältnis: 8,3:1
Kühlung: fahrtwindgekühlt
Zylinderwinkel: 75°-V, 285° Zündversatz
Kurbelwelle: 2-fach kugelgelagert
Nockenwelle: sohc
Nockenwellenantrieb: Rollenkette
Ventile: 2 je Zylinder
Ventilbetätigung: Kipphebel
Vergaser: 2 Hitachi HSC
Durchlaß: 40 mm
Luftfilter: Trockenluftfilter
Gesamtübersetzung: 11,7 / 8,3 / 6,4 / 5,1 / 4,2
Kupplung: Mehrscheiben-Ölbadkupplung
Hinterradantrieb: Kardan
Leistung n. Importeur: 50 PS bei 5750/min
Drehmoment n. Importeur: 72 Nm bei 4900/min
Drosselung durch: Reduzierblenden im Krümmer
Leistung ohne Drossel: 63 PS bei 6500/min
Drehmoment ohne Drossel: 80 Nm bei 5000/min
Inspektionsintervalle: Inspektion alle 6000 km

FAHRWERK

Rahmen: Preßstahlrahmen mit angeschraubtem Heck,
Motor mittragend
Telegabel: hydraulische Telegabel
Federweg: 150 mm
Dämpferöl-Füllmenge: 396 ccm, SAE 10 W
Standrohr-ø: 38 mm
Einstellmöglichkeiten Federbasis: –
Einstellmöglichkeiten Druckstufe: –
Einstellmöglichkeiten Zugstufe: –
Hinterradschwinge: Stahlrohrschwinge
Federbein: Stereo-Federbeine
Federweg: 70 mm
Einstellmöglichkeiten Federbasis: 5-fach

Einstellmöglichkeiten Druckstufe: –
Einstellmöglichkeiten Zugstufe: –
Bremse vorn: 267 mm-Doppel-Scheibenbremse mit
Einkolben-Festsätteln
Bremse hinten: 200 mm-Trommelbremse, gestängebetätigt

MASSE

Leergewicht (vollgetankt): 237 kg
Radstand: 1525 mm
Lenkkopfwinkel: 58°
Nachlauf: 129 mm
Sitzhöhe: 720 mm
Tankinhalt: 14,5 Liter

SPEED

0-100 km/h (63 PS): 5,1 s
400 m in: 13,4 s
50-100 km/h im letzten Gang: 8,1 s
80-120 km/h im letzten Gang: 15,2 s
Topspeed: 178 km/h

RÄDER UND REIFEN

Felgen: 5-Speichen Gußräder
Größe: MT 2.15 x 1, MT 3.00 x 15

ABE in Seriengröße (2 AE):
BRIDGESTONE   100/90 - 19 57 H G 535
Exedra   140/90 - 15 M/C 70H G 536

Freigabe in Seriengröße:
BRIDGESTONE   100/90 - 19 57H L 303 RW
              140/90 - 15 70H G 508 RW

PIRELLI   100/90 - 19 57H MT 69
              140/90 - 15 70H M/C MT 68

XV 1100/750 Virago

MODELL

Jahrgangscode: 3 LP, 4FY, 4PW (750)
Präsentationsjahr: 1988 (1992)
Preis bei Vorstellung: 12.870,- DM, 11.000,- (750)
Insgesamt zugelassen: 6890; 4FY: 4275; 4PW: 1414
(Stand: Juni 96)
Farbversionen: Blaumetallic/Silber

MOTOR

Bohrung x Hub: 95 x 75 mm (83 x 69,2 mm)
Hubraum: 1063 ccm (748 ccm)
Verdichtungsverhältnis: 8,3:1 (8,7 : 1)
Kühlung: fahrtwindgekühlt
Zylinderwinkel: 75°-V, 285° Zündversatz
Kurbelwelle: 2-fach kugelgelagert
Nockenwelle: sohc
Nockenwellenantrieb: Rollenkette
Ventile: 2 je Zylinder
Ventilbetätigung: Kipphebel
Vergaser: 2 Mikuni-Gleichdruckvergaser
Durchlaß: 40 mm
Luftfilter: Trockenluftfilter
Gesamtübersetzung: 11,4 / 8,3 / 6,4 / 5,1 / 4,2
Kupplung: Mehrscheiben-Ölbadkupplung
Hinterradantrieb: Kardan
Leistung n. Importeur: 34 PS bei 5250/min; 50 PS bei 5500/min
Drehmoment n. Importeur: 72 Nm bei 2750/min
Drosselung durch: Vergaserhülsen; Krümmerblenden
Leistung ohne Drossel: 62 PS bei 6000/min
Drehmoment ohne Drossel: 87 Nm bei 3000/min
Leistung XV 750 n. Importeur: 50 PS bei 6500/min
Drehmoment XV 750 n. Importeur: 58 Nm bei 3500/min
Inspektionsintervalle: Inspektion alle 6000 km

FAHRWERK

Rahmen: Preßstahl-Rahmen mit angeschraubtem Heck, Motor mittragend
Telegabel: hydraulische Telegabel, luftunterstützt
Federweg: 150 mm
Dämpferöl-Füllmenge in ccm: 396 ccm, SAE 10
Standrohr-ø: 38 mm
Einstellmöglichkeiten Federbasis: –
Einstellmöglichkeiten Druckstufe: –
Einstellmöglichkeiten Zugstufe: –
Hinterradschwinge: Stahlrohrschwinge
Federbein: Stereo-Federbeine

Federweg: 97 mm
Einstellmöglichkeiten Federbasis: 4-fach
Einstellmöglichkeiten Druckstufe: –
Einstellmöglichkeiten Zugstufe: –
Bremse vorn: 267 mm-Doppel-Scheibenbremse mit Einkolben-Festsätteln,
ab ´95: 282 mm ø mit Doppelkolben-Festsätteln
Bremse hinten: 200 mm-Trommelbremse, gestängebetätigt

MASSE

Leergewicht (vollgetankt): 243 kg (236 kg)
Radstand: 1525 mm
Lenkkopfwinkel: 58°
Nachlauf: 129 mm
Sitzhöhe: 730 mm
Tankinhalt: 16,8 Liter

SPEED

0-100 km/h: 5,3 s (5,9s)
400 m in: 14 s (14,6s)
60-100 km/h im letzten Gang: 5,2 s (7,4s)
100-140 km/h im letzten Gang: 6,5 s (7,2s)
Topspeed: 171 km/h (169 km/h)

RÄDER UND REIFEN

Felgen: 5-Speichen Gußräder,
ab ´94 Speichenräder für schlauchlose Reifen
Größe: MT 2.15 x 19, MT 3.00 x 15

ABE in Seriengröße (3 LP):
BRIDGESTONE   100/90 - 19 57 H G 535
              140/90 - 15 M/C 70H G 536

Freigabe in Seriengröße:
CONTINENTAL   100/90 - 19 57H TKH 23
              140/90 - 15 70H TKH 24

MICHELIN   100/90 - 19 57H Tarmac
              140/90 - 15 70 H Tarmac

PIRELLI   100/90 - 19 57H MT 69
              140/90 - 15 70H M/C MT 68

Freigabe in weiteren Größen:
METZELER   100/90 - 19 57H Marathon Front
              150/90 B 15 74H M/C ME 88 Mar. Euro

METZELER   100/90 - 19 57H Marathon Front
              150/90 B 15 80H M/C ML2

XVZ 1300 Royal Star

Jahrgangscode: 4 NK
Präsentationsjahr: 1995
Preis bei Vorstellung: 24.500,– DM
Insgesamt zugelassen: 1996: 250 Expl. importiert
Farbversionen: Rot/Weiß

MOTOR

Bohrung x Hub: 79 x 66 mm
Hubraum: 1294 ccm
Verdichtungsverhältnis: 10,0:1
Kühlung: flüssigkeitsgekühlt
Zylinderwinkel: 70°-V
Kurbelwelle: 4-fach gleitgelagert
Nockenwelle: dohc
Nockenwellenantrieb: Rollenkette
Ventile: 4 je Zylinder
Ventilbetätigung: Tassenstößel
Vergaser: Mikuni BDS 28, Gleichdruckvergaser
Durchlaß: 28 mm
Luftfilter: Trockenluftfilter
Gesamtübersetzung: 10,4 / 6,7 / 4,9 / 3,8 / 3,2
Kupplung: Mehrscheiben-Ölbadkupplung
Hinterradantrieb: Kardan
Leistung n. Importeur: 74 PS bei 4750/min
Drehmoment n. Importeur: 111 Nm bei 3500/min
Drosselung durch: –
Leistung ohne Drossel: –
Drehmoment ohne Drossel: –
Inspektionsintervalle: Ölwechsel alle 6000 km, Ölfilterwechsel alle 12000 km, Ventileinstellung alle 24000 km

FAHRWERK

Rahmen: Doppelschleifenrahmen aus Stahl-Rundrohren
Telegabel: hydraulisch gedämpft
Federweg: 140 mm
Dämpferöl-Füllmenge in ccm: 533 ccm, SAE 5 W
Standrohr-ø: 43 mm
Einstellmöglichkeiten Federbasis: –
Einstellmöglichkeiten Druckstufe: –
Einstellmöglichkeiten Zugstufe: –
Hinterradschwinge: Stahlrohrschwinge
Federbein: liegendes Mono-Federbein
Federweg: 96 mm
Einstellmöglichkeiten Federbasis: einstellbar

Einstellmöglichkeiten Druckstufe: –
Einstellmöglichkeiten Zugstufe: –
Bremse vorn: 298 mm Doppelscheibenbremse mit Zweikolben-Schwimmsattel
Bremse hinten: 320 mm Einzelscheibe mit Zweikolben-Schwimmsattel

MASSE

Leergewicht (vollgetankt): 330 kg
Radstand: 1695 mm
Lenkkopfwinkel: 55°
Nachlauf: 129 mm
Sitzhöhe: 680 mm
Tankinhalt: 18 Liter

SPEED

0-100 km/h: 5,0 s
400 m in: 13,5 s
50-120 km/h im letzten Gang: 15,3 s
Topspeed: 167 km/h

RÄDER UND REIFEN

Felgen: hohlgegossene Siebenspeichen-Leichtmetallguß

Größe: MT 3.50 x 16, MT 4.00 x 15

ABE in Seriengröße (4 NK):
BRIDGESTONE   150/80-16 71 H G 703
Exedra   150/90-15 M/C 74 H G 702

DUNLOP   150/80-16 D 404 F
              150/90-15 D 404

Freigabe in Seriengröße (4 NK):

CONTINENTAL 150/80-16 71 H TK 71
             150/90 - 15 80 H TK 17 MC

Unbedenklichkeitsbescheinigung für 4YP:

Innerhalb der Seriengrößen keine Reifenbindung